KB055041

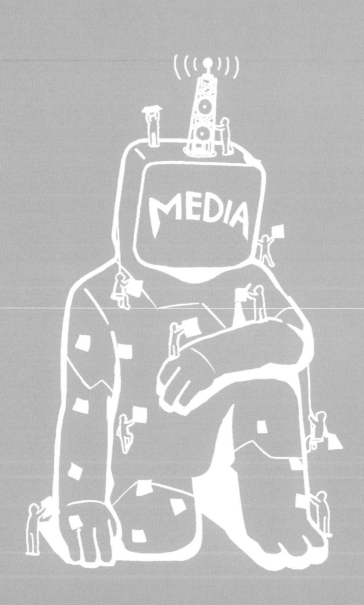

뉴스,
믿어도
될까?

가짜와 진짜를 거르는
미디어 리터러시의 힘

뉴스,
믿어도
될까?

구본권 글 | 안병현 그림

비행청소년
18

NEWS

풀빛

미디어가 나의 힘이 되려면

이 책을 펼친 청소년 여러분에게 질문을 던질게요. 여러분이 가장 좋아하는 뮤지션 또는 스포츠 선수는 누구인가요? 어른이 되면 무슨 일을 하고 싶나요? 꼭 가 보고 싶은 곳이 있다면, 어디인가요? 사람마다 취향이 다르니, 다양한 답변이 나오겠군요. "저는 가수 ○○○을 좋아하고요, 이런 직업을 갖고 싶고요, 이곳을 여행하고 싶어요." 그럼 이제 여러분 스스로 질문해 보세요. 나는 언제부터 가수 ○○○을 좋아하게 됐지? 왜 이 직업을 동경하게 됐지? 그곳으로 여행을 떠나고 싶다는 생각은 어떻게 하게 됐을까? 언제부터 이런 취향이나 바람을 갖게 되었는지를 곰곰 생각해 보면, 아마 그건 태어날 때부터 품었던 생각은 아니라는 걸 알게 될 거예요. 내가 갖고 싶어 하고, 좋아하고, 바라는, 지금의 나를 만든 이 모든 생각과 느낌은 어디에서 출발해서 나에게 왔을까요? 이 책은 바로 이 질문에서 시작합니다.

인류를 생각하는 존재라는 뜻으로 '호모 사피엔스'라 부릅니다. 다른 동물에게서 찾아볼 수 없는 인간만의 특징을 함축해서 이름 붙인 것이지요. 다른 어떤 생명체도 인간처럼 생각하고 판단하는 능력을 갖고 있지 못합니다. 생각하는 힘 덕분에 인간은 지구상에서 가장 슬기롭고 강력한 생명체가 되었지요. 누구나 세상의 많은 것에 대해 저마다 생각과 느낌을 갖고 있습니다. 힘껏 달리기를 하고 나면 더워서 땀이 나고, 얼음을 만지면 움찔하고, 딱딱한 것에 부딪히면 몹시 아픕니다. 체험하여 얻는 감각이지요. 이렇게 직접 경험한 감각만이 아니라 살아가며 보고 들은 것들도 우리 머릿속을 가득 채우고 있습니다. '남극'을 한번 생각해 보세요. 어떤 것들이 떠오르나요? 살을 에는 추위, 눈과 얼음, 귀여운 펭귄 가족, 장보고과학기지 등이 떠오를 겁니다. '올림픽'은 어떤가요? 마라톤, 금메달, 양궁, 쿠베르탱, 우사인 볼트, 박태환, 김

연아, 평창동계올림픽, 컬링 등 다양한 것들이 떠오르지요. '정치' 하면 선거, 국회의사당, 국회의원, 대통령, 청문회, 여당과 야당, 몸싸움 등 정치인과 정치 현실에 관한 이미지가 그려지지 않나요?

직접 경험하지 않은 이런 것들에 대해 갖고 있는 나의 생각은 어디에서 온 것일까요? 나 혼자서 생각하고 만들어 낸 것은 분명 아닙니다. 원자력 발전소, 지구 온난화, 동성 결혼 등에 대한 생각과 느낌도 대부분 직접 경험을 통해 얻은 게 아니라 누군가로부터 영향을 받았거나 다른 것을 통해 알게 된 것들입니다. 아마도 책을 비롯해 신문이나 방송, 인터넷, 스마트폰 등으로 접했거나 누군가와 대화하면서 얻은 이미지일 것입니다. 꼼꼼히 들여다보지 않으면 나의 생각이 어떠한 영향을 받아 만들어졌는지 알기 어렵습니다. 내 느낌이나 생각이라고 여긴 것들이 사실은 대부분 바깥에서 얻은 것이라는 말인데요. 그 바깥은 어디일까요? 어렸을 때는 지식과 생각의 공급원이 대체로 부모님이나 유치원 선생님이겠지만, 학교에 다니며 글을 익힌 이후에는 책이나 방송 또는 인터넷을 통해 만나는 내용이 대부분일 것입니다. 이 책에서 살펴볼 '미디어' 말입니다. 내가 알고 있는, 내 생각이라 여기는 것들의 상당 부분은 나도 모르는 새 나에게 전달된 미디어의 목소리입니다.

사람은 사회적 동물입니다. 함께 모여 자신이 속한 집단의 생각과 관습을 기준으로 삼아 적응해 살아가지요. 독도나 위안부 문제를 볼까요? 한국인과 일본인은 보통 이 문제에 대해 다른 입장을 취합니다. 이는 자신이 속한 사회와 미디어를 통해 어떤 내용을 전달받았는가에 따라 생각이나 입장이 달라질 수 있음을 보여 주는 단적인 사례입니다. 우리는 사회가 만들어 낸 정보와 가치를 받아들이는 동시에 그에 영향을 끼치며 살아갑니다. 더불어 살아가는 사회적 존재로서 자신이 속한 사회와 소통하며 서로에게 공감을 갖는 것이지요.

청소년기는 세상을 알아 가며 자기 생각을 키우고 만들어 가는 성장의 기간입니다. 가 보지 않은 곳을 탐험하는 상황이랄까요. 낯선 곳에서 길을 찾아가려면 어떤 능력이 필요할까요? 무엇보다 내가 어느 위치에 있으며 가고자 하는 목표 지점이 어디인지를 파악한 뒤에 탐험할 지역의 지형이나 환경을 살펴야 합니다. 수시로 위치를 확인할 수 있는 지도가 있다면 도움이 되겠지요. 인생 탐험에 나선 우리는 낯선 곳에 있지만, 이미 좋은 지도를 갖고 있습니다. 세상에 어떤 일들이 일어나고 있는지, 다른 사람들은 어떤 생각을 갖고 있는지를 알려 주는 무궁무진한 지도입니다. 우리가 매일 만나는 신문과 방송, 인터넷이라는 미디어이지요. 미디어는 내가 직접 경험할 수 없고 생각하지 못한 세상의 모습을 알려 줍니다. 그리고 언제 어디서나 손쉽게 미디어를 손에 쥘 수 있지요.

하지만 손에 쥐고 있다고 저절로 모든 것이 해결되는 것은 아니에요. 미디어라는 지도에는 수많은 정보가 담겨 있지만, 스스로 말해 주지 않습니다. 지도에 담긴 정보를 제대로 파악하고 활용하려면 지도의 다양한 기호와 약속을 읽어 내는 독도법(讀圖法)을 배워야 합니다. 미디어 역시 올바로 읽는 방법을 알아야 나에게 필요한 정보와 지식을 얻어 살아가는 데 활용할 수 있습니다. 학교에서 교육을 받는 목적도 현명하고 행복한 삶을 위해 지도 읽는 법을 배우기 위해서라고 볼 수 있어요. 다만 학교에서 배우고 시험으로 평가하는 지식 대부분은 나중에까지 유용하지 않을 수 있습니다. 세상이 점점 더 빠르게 변화하기 때문이지요. 변화에 적응하며 살아가기 위해서는 사회의 움직임을 읽어 내고 사람들과 소통하는 능력을 갖추는 것이 중요합니다. 학교에서 배우는 내용만으로는 충분하지 않아요. 시간이 지나면 학교 울타리를 벗어나야 하는 때도 올 테고요.

성인이 된다는 것은 권한과 책임을 갖고 스스로 살아가는 데 필요한 것들을 구해야 한다는 걸 뜻해요. 오늘날처럼 변화가 빠른 세상에서는 끊임없이 새로운 정보와 지식을 배우고 활용할 줄 알아야 합니다. 누구나 끊임없이 배워야 하는 평생학습 시대인 것이지요. 그렇다면 학교

뉴스, 믿어도 될까?

와 부모 품에서 벗어난 이후의 배움은 무엇을 통해 이뤄질까요? 일상에서 늘 만나는 언론과 각종 미디어가 학습의 장이라고 할 수 있습니다. 미디어를 통해 세상만사에 주목하고 판단하게 되지요. 그렇게 형성된 각자의 지식과 생각은 크고 작은 결정을 하는 데 중요한 영향을 끼칠 테고요. 어떤 전공을 택할지, 무엇을 직업으로 삼을지, 어떤 사람을 만나고 어디에 삶의 터전을 마련할지, 어느 곳을 여행할지 등 진로와 삶에 대한 계획을 세우는 것처럼요. 우리 주변 혹은 손안의 미디어가 전하는 메시지를 통해서 말입니다.

기자나 아나운서, 프로듀서를 꿈꾸는 학생들만 미디어에 관심을 가져야 하는 건 아닙니다. 세상이 어떻게 움직이는지 궁금한 사람이나 그 궁금증을 해소하여 자기 진로를 현명하게 결정하려는 사람, 다른 사람들과 소통하면서 사회적 존재로 살아가려는 누구나 미디어가 무엇이며 어떻게 움직이는지 알아야 합니다. 다른 사람의 생각은 어떠한지, 그리고 그 생각이 어떻게 만들어졌는지, 그들과 함께 살아가기 위해 나는 어떻게 생각하고 행동해야 할지를 알아야 합니다. 나와 주변 사람들에게 커다란 영향을 끼치는 미디어 환경에 대해서 알지 못한다면 스스로 현명하게 판단하고 결정하기 어렵습니다. 나와 타인의 생각과 정서가 사회에 어떤 영향을 끼치는지 파악하는 것, 이것이 바로 미디어를 알아야 하는 이유입니다.

지금도 알아야 할 것들이 너무 많다고요? 걱정하지 말아요. 우리는 이미 미디어를 능숙하게 이용하고 있습니다. 좋아하는 웹툰 작가의 작품이나 뮤지션들의 유튜브 영상을 즐기고 있잖아요. 과거에는 전문가들만 할 수 있던 동영상 제작도 요즘은 조금만 배우면 누구나 쉽고 간편하게 만들 수 있어요. 그러나 이런 것만으로는 충분하지 않습니다. 미디어는 생각보다 더 커다란 힘과 영향력을 갖고 있기 때문이지요.

디지털과 인공지능 기술은 계속 발달하고 있고 미디어의 힘은 강력해지고 있습니다. 인공지능 기술과 자동화 서비스는 우리가 그동안 일일이 고민하고 작동해야 했던 수고를 덜어 주었지요. 그런데 인공지능 기술과 자동화 서비스가 향상되면 선택하고 결정할 일도 함께 줄어들까요? 오히려 수고를 덜어 주는 편리한 서비스와 도구 덕에 늘어난 여유를 모두 하나하나 선택해야 하는 시간으로 대체하고 있는 건 아닐까요? 편리한 도구와 기술은 계속 늘어날 테지요. 그리고 우리는 앞으로 더 많이 선택해야 하는 상황에 놓일지 모릅니다.

인생은 끊임없는 판단과 선택의 연속입니다. 인공지능 로봇이 나에게 맞는 선택의 보기들을 골라 줄 수는 있어도, 선택 그 자체를 인공지능 로봇에 맡길 수는 없지 않겠어요? 정보화 사회일수록 나에게 중요한 선택은 자동화 도구의 힘을 빌리지 않고 스스로 해야 합니다. 최선의 선택을 하기 위해 우리가 해야 할 일은 무엇일까요? 우리가 선택의 지표로 삼는 도구, 바로 미디어를 제대로 이해하고 활용하는 능력을 키우는 것입니다. 정보화 사회에서는 정보를 제대로 읽고 활용하는 힘이 중요합니다. 정보를 알려 주는 도구가 미디어라면, 그것을 활용하는 능력은 미디어를 해독하는 능력인 '미디어 리터러시'입니다.

이 책은 우리가 살아가는 데 대단한 영향을 끼치는 미디어의 힘과 그 안에서 살 수밖에 없는 생존 환경을 이해하기 위해 쓰였습니다. 미디어 중에서도 사회적으로 가장 중요한 기능을 수행하는 언론에 대해서 다룹니다. 언론은 중요한 정보인 뉴스를 전달하고 그에 대해 논평을 하지요. 이때 그 뉴스가 정말 중요한지, 다루는 내용은 믿을 만한지를 판단해야 할 텐데요. 이러한 능력을 '뉴스 리터러시'라고 합니다. 단순히 기사를 읽고 뉴스를 보고 듣는 것이 아니라 뉴스를 제대로 읽어 내어 세상을 바라보는 힘과 지혜가 될 수 있는 방법을 나누려고 합니다.

책은 여덟 개의 장으로 이루어져 있습니다. 1장은 오늘날 언론이 어떻게 만들어졌는지 언론의 역사와 특징을 살펴보고, 2장은 언론이 지닌 영향력과 함께 어떻게 언론의 힘이 만들어지는지를 알아봅니다. 3장은 입법, 행정, 사법에 이어 제4부로 불리는 언론이 민주주의 정치체제에서 갖는 독특하고도 강력한 지위에 대해 다룹니다. 4장은 뉴스를 생산하는 기자라는 직업의 특성과 매력을 알아보고, 기자가 되려면 무엇이 필요한지를 살펴봅니다. 5장은 수많은 사건들 중에서 무엇이 중요한 뉴스가 되는지 뉴스의 기준과 가치를 다룹니다. 6장은 뉴스를 그대로 믿어도 좋을지, 객관적 보도의 조건과 한계는 무엇인지를 살펴보고 잘못된 언론 보도로 인해 일어나는 피해 사례를 만나 봅니다. 7장은 미디어 문해력, 즉 미디어 리터러시를 다룹니다. 그중에서도 뉴스를 꼼꼼하고 현명하게 읽어 내는 구체적인 방법을 알아봅니다. 8장은 소셜 미디어와 스마트폰 환경에서 가짜 뉴스가 더욱 활발하게 유통되는 현상을 파헤치면서 정보 더미에서 길을 잃지 않도록 도와주는 비판적 사고력의 중요성을 다룹니다.

이 책을 통해 청소년들이 현명하고 책임 있는 시민으로 자라는 데 미디어가 무엇보다 유용한 도구라는 것을 알게 되기를 바랍니다. 이 책은 언론의 속성을 드러내며 현명하게 이용하는 법을 주로 설명하지만, 이는 청소년기는 물론 앞으로도 우리에게 커다란 영향을 끼치는 거대한 힘을 이해하기 위한 것입니다.

거의 의식하지 못하지만 우리는 언제나 중력이라는 물리 법칙 속에 살고 있지요. 지구에 사는 동안 한순간도 중력을 피해서 살 수는 없습니다. 중력의 영향력을 무시하거나 모른 채 영구 기관을 만들겠다거나 새처럼 하늘을 날겠다는 시도는 허무하고 위험합니다. 하지만 중력을 제대로 알고 연구하면 더 효율적인 엔진과 동력 전달 장치를 만들어 하늘을 나는 도구를 발명할 수도 있습니다. 중력의 원리를 이해한 과학자들은 로켓 엔진으로 지구를 벗어나 지구 주위를 도는 인공위성을 쏘아 올렸습니다. 사회생활을 하는 우리에게 거부할 수 없는 커다란 영향력을 끼치고 있는 미디어, 그중에서도 언론은 중력과 비슷합니다. 언론을 이해한다는 것은 중력처럼 우리가 피할 수 없는 거대한 힘, 그 안에서 살아야 하는 환경을 이해한다는 것과 같습니다.

언론이 우리에게 어떠한 영향력을 끼치는지, 뉴스는 무엇이며 우리가 어떻게 그것을 잠재적인 나의 힘으로 소화할 수 있는지를 알아보기 위한 여행을 떠나 볼까요?

차례

3장 언론이 갖는 권한과 책임

4장 기자는 '무관의 제왕'

5장 뉴스가 되는 기준은 무엇일까

6장 객관적 언론 보도란 무엇일까

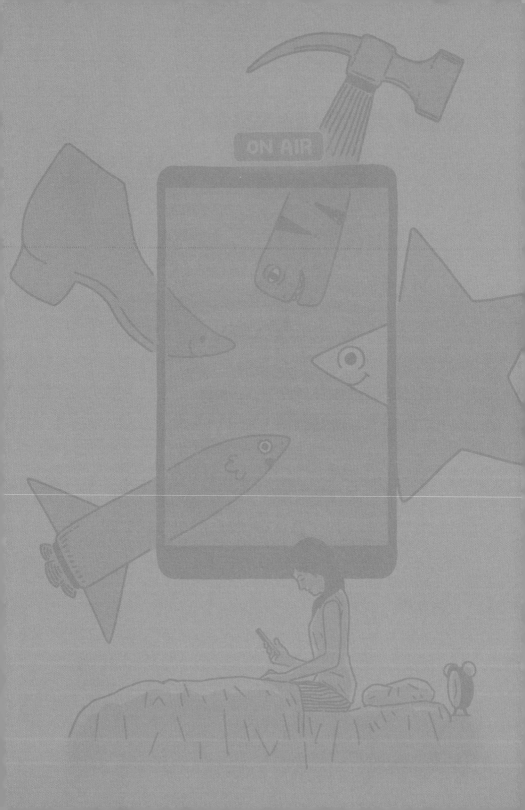

미디어 이해의 첫걸음, 언론

THE SUN

NEW-YORK, WEDNESDAY, NOVEMBER 26, 1834.

NUMBER 364.]　　　　　　　　　　　　　　　　　　　　　　　　　[PRICE ONE

PUBLISHED DAILY
BENJ. H. DAY & GEORGE W. WISNER.
[OFFICE 222 WILLIAM STREET.]

[From the Memoirs of Vidocq.]
LES RAMASTIQUES.

1. 현실에서 벌어지는 펜과 칼의 대결

　'펜은 칼보다 강하다(The pen is mightier than the sword)'라는 말이 있습니다. 만약 펜과 칼이 서로 싸우는 일이 일어난다면 정말로 칼의 날카로움이 펜의 힘을 이기지 못할까요? 칼을 휘두르는 사람을 연필이나 볼펜만 가지고 과연 막아 낼 수 있을까요? 이 격언을 믿고 칼 든 강도에게 볼펜을 들고 맞서는 사람은 없을 겁니다. 마찬가지로 국회와 같은 토론 마당에서 칼을 들고 나타나 당신들은 펜으로, 나는 칼로 싸우자고 하는 경우도 없습니다. 실제로 펜과 칼의 물리적 대결은 쉽게 일어나지 않습니다. 하지만 다른 의미에서 '펜(언론)'과 '칼(권력)'의 싸움은 수시로 일어납니다. 현실에서 펜과 칼의 대결이 어떻게 진행되는지 살펴볼까요?

쿠데타 군은 왜 언론을 장악하려고 할까

민주주의가 자리 잡지 못한 정치 후진국에서는 군인들이 반란을 일으켜 대통령과 국회 등 합법적으로 선출된 정치권력을 무력화하고 스스로 권력을 장악하는 일이 종종 일어납니다. 군부가 무력으로 정치권력을 빼앗는 이러한 일을 프랑스어로 '쿠데타(coup d'État, 군사 정변)'라고 하지요. 군부가 쿠데타를 일으켜 권력을 장악하는 과정은 어느 나라에서나 비슷합니다. 쿠데타 세력은 총칼을 앞세워 군대 내 통신과 지휘 체계를 장악한 뒤 곧바로 대통령과 국회, 법원 등의 국가 주요 기관과 요인들을 체포하거나 폐쇄합니다.

그런데 쿠데타 세력은 군의 지휘 체계를 장악하는 시점과 동시에 방송사와 신문사로 쳐들어가 언론사를 손에 넣습니다. 국회와 법원, 대통령은 각각 입법부, 사법부, 행정부를 대표하는 민주주의 국가의 공식 권력입니다. 때문에 쿠데타 세력이 국가의 입법, 사법, 행정 권력을 장악하려는 건 당연한 것으로 이해됩니다. 그런데 신문사와 방송사는 어떤가요? 언론사는 국가의 권력기관도 아닌 데다가 대체로 사기업의 형태를 띠고 있습니다. 언론사에는 쿠데타 세력에 저항할 군인도, 무기도 없지요. 그렇다면 쿠데타 세력은 왜 먼저 방송사와 신문사에 군대를 투입해서 장악하려는 걸까요?

쿠데타를 일으킨 군인들이 아무리 군대와 경찰 등 물리적 권력을 손에 넣어도 방송과 신문 등 언론을 장악하지 못하면 쿠데타는 실패하게 됩니다. 쿠데타 세력이 대통령을 체포하고 군 지휘권을 장악하더라도, 텔레비전과 라디오에서 "지금 일부 군인들이 불법적으로 쿠데타를 일으켜, 대통령을 체포하고 국회를 강제 해산했습니다. 민주주의를 지키기 위해서 시민들이 적극적으로 나서야 할 때입니다"라고 방송한다면 어떨까요? 시민들이 언론을 통해 쿠데타가 발생했다는 것을 알게 되면 반대 여론이 만들어질 테고, 총칼의 위협 속에서도 많은 사람들이 이에 반대하려고 모일 것입니다. 군중의 거센 저항 앞에서 총칼은 멈칫거릴 수밖에 없겠지요. 터키나 아프리카의 여러 나라들에서 쿠데타가 일어날 때마다 언론사가 제일 먼저 표적이 되는 배경에는 이런 이유가 있습니다.

한국 현대사에서도 정치군인들이 정권을 무력으로 빼앗은 군사 쿠데타가 1961년 5월 16일[1]과 1979년 12월 12일[2]에 일어났습니다. 두 번 모두 쿠데타 세력은 군 총사령관과 대통령을 체포하는 동시에 방송사와 신문사를 장악했지요. 그리고 "오늘 새벽 모든 국가권력을 우리가 장악했다. 지금부터 비상계엄령을 선포한다. 허가받지 않은 모든 집회와 언론·출판 행위를 금지한다"라고 방송했습니다. 쿠데타 세력이 방송사와 신문사를 제일 먼저 장악한다는 사실은 민주주의 사회에서 언론의 역할이 얼마나 중요한가를 알려 줍니다. 군대와 정부 조직은 최고 수뇌부와 지휘·통신 체계만 장악하면 쉽게 통제할 수 있습니다. 쿠데타 세력이 총칼로 위협하면 가능한 일이지요. 하지만 민간인은 다릅니다. 모든 국민을 한 사람 한 사람

총칼로 위협할 만큼 군인이 많지도 않고, 사회 곳곳에 있는 수많은 시민들을 찾아가 만날 도리도 없으니까요.

쿠데타 세력이 방송과 신문을 장악하는 것은 자유롭게 말하는 사람들의 입을 틀어막고, 언론으로 하여금 진실이 아닌 자신들이 전달하고 싶은 내용만 일방적으로 전파하기 위해서입니다. 그래서 쿠데타는 제일 먼저 방송사나 신문사와 같은 언론사를 무력으로 장악하는 것에서 시작하지요. 쿠데타가 성공한 뒤에는 기사를 검열하고 언론사 등록을 제한하는 등 언론 통제를 서두릅니다. 자신들이 원하지 않는 내용이 국민들에게 전달되지 않도록 언론사의 모든 보도 내용을 검열합니다. 만약 검열이라는 방법이 통하지 않을 것 같은 언론사들은 아예 없애 버리기도 하지요.

5·16 군사 쿠데타와 12·12 군사 쿠데타 세력 역시 쿠데타가 성

---

1 | 1961년 5월 16일 육군 소장 박정희가 군인 수천 명을 이끌고 근무지를 이탈해 서울의 주요 기관을 무력으로 점령하는 쿠데타를 일으켰다. 박정희 소장은 1년 전 4·19 혁명으로 수립된 민주정권을 뒤집고 정권을 장악한 뒤 대통령 자리에 올라 1979년 자신이 임명한 중앙정보부장에 의해 피살당하기까지 17년간 군사독재 정권의 최고 권력자로 군림했다.

2 | 1979년 12월 12일 보안사령관 전두환과 9사단장 노태우가 주축인 군부 내 사조직이 육군 지휘부에 맞서 일으킨 군사반란. 12·12 쿠데타로 전두환은 국가보위입법회의를 만들고 대통령에 올라 7년을 통치하고, 노태우는 1987년 전두환의 뒤를 이어 대통령에 올랐으나, 두 사람은 1995년 김영삼 정부에서 군사반란 죄목으로 재판을 받고 구속됐다.

1장 미디어 이해의 첫걸음, 언론

공한 뒤에 곧바로 '비상계엄'을 선포하고 모든 신문과 방송의 보도 내용을 검열했습니다. 1961년 박정희 군사 쿠데타 세력은 권력을 장악한 뒤 한 달 만에 1170종의 신문과 잡지를 폐간시켰습니다. 당시 비판적 논조를 이끈 신생 신문 〈민족일보〉를 강제로 폐간시켰을 뿐 아니라 신문사 사장을 사형시키는 일까지 저질렀지요. 이때의 일은 2006년 과거사위원회를 통해 비로소 진상이 밝혀지고 명예가 회복됐습니다. 12·12 군사 쿠데타로 집권한 전두환 정권도 1980년 〈언론기본법〉을 만들어 신문, 방송, 통신사들을 통폐합하고 비판적

1961년 5월 16일 무력으로 정권을 빼앗은 박정희 군부 세력은 '국가재건최고회의'라는 기구를 설치하여 자신들의 군사 쿠데타를 완수하기 위한 조치로 가장 먼저 언론을 장악하고 통제하였다.

언론인들을 1500여 명이나 직장에서 내쫓았습니다. 일부 비판적 언론은 아예 없애 버리기도 했고요. 남아 있는 신문과 방송사는 자신들 말을 잘 듣도록 '채찍과 당근'으로 길들여 놓았습니다. 그제야 비로소 쿠데타 세력은 자신들 마음대로 통치할 수 있다고 생각했겠지요.

총칼을 앞세운 쿠데타 세력이 맨 먼저 장악하려는 대상이 방송사와 신문사라는 사실은 '펜'과 '칼'의 미묘한 관계를 말해 줍니다. 쿠데타는 총칼로 '펜'을 억누르고 나면, '펜'을 통해 자신들의 불법과 무력을 정당화하는 단계로 나아갑니다. 이는 '펜이 칼보다 강하다'라는 격언으로는 잘 설명되지 않습니다. '펜이 칼에 굴복하고 칼이 시키는 대로 보도했으니, 결국 펜보다 칼이 강한 것 아닌가' 하는 의문이 생기기 때문이지요.

중국 공산혁명을 성공으로 이끈 마오쩌둥 중국 공산당 주석은 "권력은 총구에서 나온다"라고 말했습니다. 권력은 무력 투쟁을 통해서 쟁취하는 것임을 강조한 것인데요. 하지만 아무리 총칼을 앞세워 권력을 잡았어도 영원히 총칼로만 통치할 수는 없습니다. 사회는 말과 글로 이루어진 법률과 질서를 필요로 하고, 사람들에게 전달할 내용도 말과 글을 통해야만 가능하기 때문이지요. 총칼은 권력을 쟁취하는 가장 직접적인 수단이지만, 권력을 장악한 뒤에는 말과 글에 의존하게 됩니다. 즉 권력을 유지하기 위해서는 언론을 통제하고 활용해야만 합니다.

언론 통제가 총칼로 위협하는 쿠데타나 공산주의 정부의 전유물은 아닙니다. 민주적 절차로 선출된 정부와 권력도 언론을 통제하려고 들기는 마찬가지입니다. KBS나 MBC처럼 한국의 공영방송의 경우, 정부가 방송사 사장을 선출하는 절차 등에 영향력을 행사하기도 합니다. 권력을 획득한 정권이 자신들에게 우호적인 언론인을 사장에 앉히려 하지요. 때로는 정권이 공영방송사의 사장을 자기편 사람으로 앉히는 정도를 넘어 정부와 여당에 대한 비판적 보도를 금지시키고, 이에 따르지 않는 언론인을 해고하려는 일도 벌어집니다. 이명박, 박근혜 전 대통령은 MBC에 친(親)정부 성향의 사장을 앉히는 수준을 넘어 MBC 사장으로 하여금 4대강 사업 등 정부 정책을 비판하는 기자, 아나운서, 피디들을 해고하여 방송을 하지 못하도록 했습니다. 결국 비판적 보도를 이유로 기자들을 해고한 것은 잘못이라는 법원 판결이 내려졌고, 2017년 말 해고 언론인들이 복직하게 되었지요. 방송을 장악해서 자신들에게 우호적인 언론 보도만을 내보내려 했던 정치권력의 욕심 때문에 공영방송 MBC는 기자와 피디, 아나운서가 부당하게 해고되고, 시청률이 크게 떨어지는 수난을 겪었습니다.

정권이 방송으로 하여금 비판적 보도를 못하게 한 결과는 결코 좋은 방향으로 이어지지 않습니다. 2016년 국정 농단 사태로 인한 박근혜 대통령 탄핵과 구속 과정에서 이를 확인할 수 있지요. 이런 사례는 언론을 통제하고 길들이려는 시도가 과거 독재 정권만이 아니라 민주적으로 선출된 정권에서도 벌어진다는 것을 알려 줍니다. 이는 정치권력이 언론을 통제하면 모든 국민의 생각과 결정을 통제할 수 있을 것이라고 잘못 판단하기 때문입니다.

나폴레옹이 살인마에서 황제 폐하가 되기까지

펜과 칼, 즉 언론과 권력의 구도를 제대로 파악하려면 어느 쪽 힘이 더 강한가를 따지기보다 서로 어떤 관계에 있는가를 살펴보아야 합니다. 쿠데타처럼 총칼을 앞세워 권력을 획득하더라도 언론을 장악하지 않고서는 권력을 유지할 수 없는 것이 현실입니다. 언론과 권력은 서로 의존하며 영향을 주고받는 관계이니까요.

언론과 권력의 관계를 알려 주는 유명한 역사적 사례 하나를 소개할까 합니다. 18세기 프랑스의 나폴레옹 시절에 일어난 일입니다. 이웃 나라와의 연이은 전쟁에서 승리하여 국민 영웅이자 국가의 최고 지도자가 된 나폴레옹은 프랑스대혁명(1789년) 이후 공화정을 뒤집고 1804년에 스스로 황제가 되었습니다. 하지만 나폴레옹은 영국 등과의 전쟁에서 잇따라 패하며 황제 자리에서 쫓겨나 지중해에 있는 엘바섬으로 귀양을 가게 됩니다. 그러나 나폴레옹은 귀양 간 이듬해인 1815년 2월 26일 엘바섬을 탈출해 파리로 입성한 뒤 다시 황제의 자리에 오릅니다. 이때 나폴레옹이 엘바섬을 탈출해 파리에 도착하는 20여 일 동안을 보도한 신문 기사에서 나폴레옹에 대한 호칭과 묘사는 날마다 달라졌습니다. 프랑스대혁명 과정에서 시민혁명을 지지한, 당시 프랑스 최대의 일간신문인 〈모니퇴르〉(Moniteur, '감시자'라는 뜻의 프랑스어)의 보도였지요. 이 신문은 엘바섬을 탈출한 나폴레옹에 대한 최초 보도에서 그를 '유배지를 탈출한 살인마'로 부르다가 나폴레옹이 파리에 점점 가까이 접근하자 중립적 명칭으로 바꿔 나갔습니다. 나폴레옹이 프랑스 남쪽으로부터 진격해오다가 파리 왕궁에 입성하자 〈모니퇴르〉는 마침내 '황제 폐하 만세!'라고 외칩니다.

[3월 9일] 살인마, 소굴에서 탈출하다

[3월 10일] 코르시카의 아귀, 쥐앙만에 상륙하다

[3월 11일] 괴수, 카프에 도착하다

[3월 12일] 괴물, 그르노블에 도착해 야영하다

[3월 13일] 폭군, 리용 통과. 공포감 번져

[3월 18일] 강탈자, 60시간 뒤 파리 당도 예정

[3월 19일] 보나파르트, 급속히 전진! 파리 입성은 절대 불가하다

[3월 20일] 나폴레옹, 내일 파리 성벽에 도착 예정

[3월 21일] 나폴레옹 황제, 퐁텐블로에 도착하시다

[3월 22일] 황제 폐하 만세! 어제 저녁 드디어 궁전에 입성하시다

프랑스의 고전주의 화가인 자크 루이 다비드가 그린 〈나폴레옹 1세의 대관식〉. 이 그림에서 나폴레옹의 키는 실제보다 더 크게 그려졌다. 나폴레옹의 대관식 장면은 그를 추종하는 다비드에 의해 최대한 미화되어 엄숙하고 웅장하게 표현되었다.

　　프랑스 최대 신문이 2주라는 짧은 기간에 동일한 사람에 대한 호칭을 '살인마'에서 '괴물', '폭군', '보나파르트', '나폴레옹', '황제 폐하'로 바꾸면서 보도한 것이지요. 이는 언론이 자기 이익에 따라 같은 사안에 대해서도 입장이 뒤바뀔 수 있음을 보여 주는 동시에, 언론과 권력의 관계를 짐작게 하는 중요한 사례입니다. 〈모니퇴르〉의

시시각각 달라진 보도가 200여 년 전 프랑스에서 일어난 해프닝으로 여겨지지 않고 두고두고 이야기되는 까닭이지요. 쿠데타 세력이 언론사를 제일 먼저 장악하려는 이유도, 〈모니퇴르〉 신문이 나폴레옹을 '살인마'라고 보도했다가 보름도 채 안 돼 '황제 폐하 만세'라고 외친 이유도 서로 통합니다. 언론과 권력은 밀접하고 미묘한 관계 속에서 서로 깊이 의존하고 있습니다. 펜이 칼보다 강하다거나, 또는 칼의 위협 앞에서도 펜은 굴복하지 않는다고 단순히 말할 수 없는 이유입니다.

흔히 언론을 '세상을 비추는 거울'이라고 말합니다. 실제로 벌어진 일을 있는 그대로 뉴스로 보도한다고 생각하지요. 하지만 우리가 일상에서 만나는 뉴스는 세상에서 일어난 일을 그대로 비추지는 않습니다. 언론이 세상을 비추는 거울이기는 해도, 세상을 '그대로' 비추는 거울은 아니라는 말입니다. 언론이라는 거울은 뉴스를 만들어 내고 전달하는 사람에 따라 같은 모습을 다르게 보이게도 합니다. 알고 보면 거울도 세상을 그대로 비추지는 못하지요. 거울 속 모습은 오른쪽과 왼쪽이 바뀌어 있고, 오목하거나 볼록할 경우 비치는 물체의 모습도 달라집니다. 자동차 사이드미러에는 '사물이 거울에 보이는 것보다 가까이 있음'이라는 안내문이 쓰여 있습니다. 미용실 거울은 얼굴의 미세한 부분까지 자세하게 보여 주어 미용에 대한 욕구를 느끼게 하고, 의류매장 거울은 비스듬하게 세워져 있어 늘씬하고 옷맵시가 좋아 보이게 하지요. 거울을 보면서 자기 모습을 관찰할 수 있는 동물은 사람이 유일하지만, 사람도 거울 보는 법을 익혀야 거울에 비친 상을 제대로 이해할 수 있습니다. 언론이라는 거울이 사실을 사실대로 전하지 못하고, 어떻게 일그러뜨리는지 좀 더 알아보지요.

2. 언론의 탄생과 발달 과정

여러분은 뉴스를 좋아하나요? 딱딱한 뉴스보다 아이돌 가수나 연예인이 나오는 오락 프로그램이 더 좋다고요? 2016년 한국언론 진흥재단이 10대 청소년의 미디어 이용 형태를 조사한 결과, 청소년들의 하루 평균 미디어 이용 시간은 약 7시간(424분)으로 나타났습니다. 매체별 이용 시간은 모바일, 텔레비전, 메시징 서비스, 소셜 네트워크 서비스(SNS), PC 인터넷, 라디오, 잡지, 종이신문 순이었습니다. 일주일 평균 뉴스 이용 시간은 초등학생이 27분, 중학생이 51.5분, 고등학생이 51.8분이었습니다. 중학생의 일주일 전체 미디어 이용 시간은 약 8시간 40분(521분)으로, 고등학생의 평균치인 약 7시간 50분(473분)보다 50분가량 많습니다. 고등학생이 되면 학습

부담 때문에 미디어 이용 시간이 중학생 때보다 줄어드는 거지요. 하지만 그중에서도 뉴스 이용 시간은 줄어들지 않습니다. 초등학생 때와 비교하면 두 배로 증가한 것이고, 성장할수록 뉴스 시청 시간이 점점 늘어나는 현상이 나타납니다. 중학생, 고등학생들이 나이가 들어 20대, 30대가 되면 뉴스 시청 시간은 더 늘어날 것입니다. 부모님은 '뉴스 중독자'처럼 하루도 빠짐없이 신문과 방송으로 뉴스를 챙겨 봅니다. 왜 어른이 되면 연속극처럼 재미있지도 않고, 날마다 비슷비슷한 소식을 되풀이하는 것처럼 보이는 뉴스를 좋아하게 되는 걸까요? 성인이 되면 재미없던 뉴스도 갑자기 재미있어지는 걸까요?

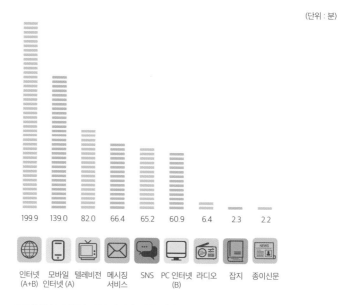

(단위 : 분)

인터넷 (A+B)	모바일 인터넷 (A)	텔레비전	메시징 서비스	SNS	PC 인터넷 (B)	라디오	잡지	종이신문
199.9	139.0	82.0	66.4	65.2	60.9	6.4	2.3	2.2

〈10대 청소년 하루 평균 미디어 이용 시간〉, 한국언론진흥재단, 2016

1장 미디어 이해의 첫걸음, 언론

뉴스에 끌리는 것은 인간의 생존 본능

성인이 된다는 것은 스스로 결정하고 책임지는 일이 많아진다는 것을 의미합니다. 청소년기에는 나와 관련된 뉴스도 드물고, 내가 직접 결정하고 책임져야 할 일도 많지 않습니다. 그러다 보니 자연히 뉴스에 관심을 갖지 않게 되지요. 하지만 성인이 되면 달라집니다. 어떤 일을 하려고 해도 다른 사람들이 무엇에 관심을 두고 어떤 생각을 하는지 무시할 수 없습니다. 어른이 되면 재미있어서 뉴스를 본다기보다 세상에 대해 알지 못하면 사회생활을 하기가 어렵기 때문에 챙겨 보는 것입니다.

뉴스(News)는 '새 소식'이라는 뜻이지만, 더 넓게는 정보를 말합니다. 정보 중에서도 가장 새로운 정보를 뉴스라고 부르지요. 사실 사람은 본능적으로 뉴스를 좋아하게 설계되어 있습니다. 인류 역사에서 정보는 생명과 부를 가져다주는 권력으로 기능해 왔습니다. 신문이나 뉴스가 등장하기 전에도 누가 권력을 잡을 실력자인지 남보다 먼저 알고 있으면 권력에 가까운 자리를 얻을 수 있었고요. 남들보다 먼저 입수한 정보는 전쟁의 승패를 좌우하였고, 그로 인해 재물을 얻을 수 있었지요. 남들이 모르는 중요한 정보를 가졌다는 것은 정보를 활용해 부와 권력을 누리는 기회를 가졌다는 뜻입니다.

진화생물학과 뇌과학에서는 인간의 두뇌가 새로운 정보를 더 많이 요구하는 쪽으로 진화했다고 설명합니다. 정보가 생존에 도움을 주는 결과로 이어졌기 때문인데요. 10만 년 전까지 아프리카 사바나 지역에 살던 초기 인류 가운데 생존력이 높은 이들은 맹수가 접근하고 있다는 것을 빨리 눈치채거나, 사냥감이 있는 곳을 남보다 먼저 알아내는 능력을 가졌습니다. 인간은 진화 과정에서 정보를 추구한 이들이 더 오래 살아남았고, 그래서 유전자를 후손에게 전달할 기회도 더 많이 갖도록 프로그램되었지요. 동물을 대상으로 실험한 결과에서는 외부로부터 새로운 정보와 자극을 받을 때 뇌에서 도파민이 분비되는 것을 확인하였습니다. 사람도 마찬가지입니다. 도파민은 뇌의 쾌락 중추를 자극하는 신경 전달 물질로, 흔히 연애를 할 때 도파민이 많이 분비된다고 하는데요. 이는 도파민이 쾌락이나 행복감에 관련된 감정을 느끼도록 자극하기 때문입니다.

사람은 이처럼 본능적으로 더 많은 정보를 추구하려고 합니다. 몽골인들은 서로 만나면 "새로운 일 없습니까?" 하고 묻습니다. 신문이나 방송을 모르고 사는 아프리카 부족들도 사람을 만나면 자신이 보고 들은 이야기를 나누면서 많은 시간을 보낸다고 합니다. 모든 사회는 새로운 소식, 즉 뉴스를 더 많이 주고받으며 발전하여 왔습니다. 비단 신문이나 방송이 없던 시절에만 뉴스가 중요했던 것은 아닙니다. 오늘날처럼 정보가 넘쳐 나는 사회일수록 신선하고 가치 있는 정보는 더욱 중요한데, 그게 바로 뉴스입니다.

모든 생명체는 환경에 적응하며 살아갑니다. 사람도 마찬가지입

사람들은 인사를 나누며 서로 안부를 묻고 몰랐던 다양한 소식을 접하기도 한다.

니다. 다만 사람은 다른 동물들처럼 털가죽이나 날개, 날카로운 이빨을 발달시키는 방법으로 환경에 적응하지는 않지요. 사물을 분별하여 판단하는 인지능력을 통해 세상을 파악하고, 이를 발달시키면서 자신이 처한 환경을 이해하고 그에 맞는 대처 방법을 찾습니다. 사람의 인지능력은 어떻게 만들어질까요? 바로 정보를 통해서입니다. 물론 다른 동물들도 감각 기관을 통해 외부 세계의 정보를 받아들입니다. 하지만 사람은 단순히 외부 세계의 정보를 받아들이는 데 그치지 않습니다. 사람의 인지능력은 생각을 이리저리 굴려 보는 사고력과 더해져 받아들인 정보를 자신이 이미 가지고 있는 지식과 결합하여 새로운 정보를 만들어 유통시키지요. 이는 고도로 추상화된 의사소통의 도구인 언어가 있기에 가능합니다. 언어는 인간으로 하여금 세상을 인식하고 생각할 수 있도록 합니다. 이 때문에 날카로운 발톱과 튼튼한 팔다리 없이도 다른 생물체를 제어하는 능력을 갖게 되었지요.

인간은 언어를 통해 직접 보고, 듣고, 경험하지 않은 일도 알 수 있게 되었습니다. 언어 중에서도 글은 말에 비해 오래 보존할 수 있고, 옮기는 사람에 따라 내용이 달라질 가능성이 낮으며, 훨씬 멀리까지 전달할 수 있습니다. 인간의 사고력과 문명은 글을 통해, 더 정확하게는 문자의 발명과 인쇄술 덕분에 획기적으로 발달하게 되었습니다. 이는 언론이 탄생하고 발달하게 된 과정과도 관련이 있습니다.

인쇄술의 발명과 신문의 탄생

언론은 언제부터 생겨났을까요? 새로운 소식을 사회에 널리 알리는 뉴스의 기능은 아주 오래전부터 있었습니다. 기원전 490년 그리스의 마라톤 평야에서 아테네 군이 침략자 페르시아 군에 맞서 승리를 거뒀다는 소식을 조국에 알리기 위해 42킬로미터를 달려 승전보를 전하고 숨진 페이디피데스를 최초의 언론인으로 보는데요. 중세 시대에는 이곳저곳을 여행하며 사람들에게 노래와 이야기를 들려주던 떠돌이 시인이 오늘날 기자와 같은 역할을 하기도 했습니다. 노래와 시로 다른 지역에서 일어난 일들을 사람들에게 널리 전하였으니, 오늘날의 신문과 방송이 하는 역할을 했다고 볼 수 있지요.

하지만 오늘날과 같은 언론이 생겨나기 시작한 때는 인쇄술이 발명되고 나서입니다. 인류는 종이가 있기 전까지는 나무판이나 양피지, 파피루스에 글자를 적어 왔습니다. 그러다가 105년 중국에서 채륜이 종이 만드는 법을 발명하였지요. 중국의 제지술은 실크로드를 따라 서쪽으로 건너간 뒤 아랍을 거쳐 유럽에까지 전파되었는데요. 13~14세기 이후에는 프랑스, 이탈리아, 독일, 영국 등에서 제지 공장이 만들어졌지요. 그리고 1455년 독일의 구텐베르크가 금속활자를 이용해 《구텐베르크 성서》[3]를 인쇄하면서 짧은 기간에 유럽 전역으로 인쇄 기술이 퍼져 나갑니다. 1450년부터 1500년까

　　　　　　　　　　1장 미디어 이해의 첫걸음, 언론

지 50년 동안 유럽에서만 2000만 권에 달하는 책이 인쇄됐을 정도라니 대단하지요. 이전까지는 수도사나 전문 필경사가 일일이 베껴 쓰는 방식으로 책을 만들었기에 길게는 몇 년을 작업해야 성서 한 권을 만들어 낼 수 있었거든요.

그동안 인류가 경험한 적 없는, 이른바 '정보의 대폭발'이 일어난 셈인데요. 책이 흔해지고 값도 싸졌지요. 뿐만 아니라 중세 사회의 지식층이나 성직자의 전유물이었던 라틴어로 쓰인 책들이 독일어, 프랑스어, 영어 등 당시의 민중 언어로 옮겨지면서 평민도 읽을 수 있는 책이 등장하게 되었습니다. 그동안 소수의 지식인이 독점해 온 지식 세계에 일반인도 접근할 수 있게 된 것입니다. '지식의 대중화'가 일어나게 되었고, 이후 세상은 물리적 힘이 아닌 지식과 정보가 지배하게 됩니다. 그래서 구텐베르크의 인쇄술은 근대 지식과 과학 발달을 가져온 '정보 혁명'으로 불립니다. '새로운 천 년'을 앞두고 있던 1999년 〈타임〉이나 〈월스트리트 저널〉 같은 세계적 언론들은 지난 천 년 역사에서 가장 위대한 발명으로 하나같이 구텐베르크의 활판 인쇄술을 꼽았습니다.

자랑스럽게도 금속활자 기술은 우리나라에서 세계 최초로 개발됐습니다. 고려 시대인 1377년에 인쇄한 《직지심체요절》이 세계

3 　 페이지마다 아름다운 장식을 하고, 한 페이지에 42행씩을 실어 '42행 성서'라고 불린다. 역사상 최초의 베스트셀러이다.

미국에 들어온 최초의 구텐베르크 성서 인쇄본. 뉴욕 공립도서관에 소장되어 있다.

에서 가장 오래된 금속활자 인쇄물로 공인되어 보존되고 있습니다. 하지만 아쉽게도 세계 최초인 고려 시대의 금속활자 기술은 절에서 불경을 인쇄하는 용도처럼 제한적으로만 쓰였지요. 그러다 보니 지속적으로 기술이 발달하지 못했고, 인쇄 문화가 발전하는 데까지는 이어지지 못했습니다. 이렇게 보면 기술이라는 것은 최초도 의미 있지만, 결국은 기술을 어떻게 활용하는가가 보다 중요하다고 할 수 있습니다. 사실 금속활자는 고려 시대에 발명되었다는 것만 알려져 있지 발명가가 누구였는지조차 알 수 없어요. 조선 시대인 1446년 세종대왕이 반포한 《훈민정음》도 금속활자가 아니라 목판

1장 미디어 이해의 첫걸음, 언론

으로 인쇄되었고요.

우리나라와 달리 유럽에서는 인쇄술이 널리 보급되고 책이 대중화되면서 신문이 등장하게 됩니다. 물론 처음부터 오늘날과 같은 형태의 신문은 아니었어요. 새로운 소식을 담아 전하는 '뉴스레터'라는 소식지였는데, 이는 당시 상업의 발달과 관련이 있습니다. 이탈리아의 베네치아처럼 상업이 발달한 항구 도시에서는 무역선이 항구에 들어오면 배가 싣고 온 물품이 무엇인지 파악해 이를 사들이려는 상인들의 수요가 높았는데요. 이러한 상인들을 위해 소식지 형태로 무역선의 화물 목록을 제공하기 시작한 것이 점점 발달하여 오늘날 신문의 형태가 된 것이지요. 처음에는 필요할 때마다 발행되던 것이 정기적으로 발행되고, 다루는 영역도 화물 목록에서 정치와 사회 등 다양한 주제로 확대되었습니다. 16세기에 베네치아에서 〈가제타〉라는 신문이 일주일에 한 번씩 발행된 것을 신문의 시작으로 보는데요. 처음 등장한 신문은 주간지였지만 점차 날마다 발행되는 일간지도 등장하였습니다. 그리고 이렇게 시작된 신문은 유럽 전역과 미국으로 급속히 확산되어 갔습니다.

신문의 대중화를 이끈 페니 신문

신문의 발달은 민주주의와 관련이 있습니다. 민주주의는 왕이나 귀족처럼 소수의 특권층이 다스리는 사회가 아니라, 그 사회의 모든 시민이 국가의 주인으로서 국가권력을 행사하는 정치체제입니다. 선거에 참여하여 지도자를 뽑아 국민을 대신하여 나라를 통치할 수 있도록 맡깁니다. 그러려면 공동체에서 벌어지는 중요한 일들에 대해 알고 있어야 하겠지요? 이때 필요한 것이 신문입니다. 신문에는 살아가는 데 필요한 정보와 함께 다양한 의견이 실리는데, 이는 사회 구성원의 공통된 의견인 여론을 만들어 내는 중요한 창구가 됩니다. 민주주의는 선거를 통해 다수의 선택이 합법적인 권력이 되는 사회이므로, 여론이 권력을 만들어 내는 힘이 되는 것이지요. 따라서 민주주의 사회에서 여론은 매우 중요합니다. 마찬가지로 여론을 담아내는 신문의 역할도 매우 중요하지요.

실제로 18세기 이후 유럽과 미국의 시민 사회가 발달하는 데에는 신문의 영향이 매우 컸습니다. 여기서 말하는 시민 사회란 봉건사회의 신분제 질서에서 벗어나 자유롭고 평등한 개인으로 구성된 근대 이후의 사회를 말하는데요. 격변하는 사회에서 필요한 정보와 중요한 소식을 얻기 위해 신문을 읽는 것은 시민으로서 필수적인 일이었지요. 예를 들어 정당과 같은 정치 조직은 자신들이 표방하는 가치를 전파하여 지지자들을 모아 정치권력을 획득하려는 목표를 지니고 있었습니다. 이를 위해 자신들의 정치 이념을 담은 신문을 발행하여 많은 시민들에게 읽혔지요. 유럽과 미국에서 시민 사회가 형성된 초기에는 각 정당이 주도하는 신문들이 많이 발행되었습니다. 이들 신문은 정당의 정치적 입장과 가치를 대변하였고, 정당은 신문 발행을 지원하였습니다. 신문에 따라서 정치색이 분명하다 보니 정치적 견해가 비슷한 사람들이 해당 신문의 주요 독자였지요.

18세기 중엽 산업혁명 이후에는 다양한 신문들이 많아지면서 경쟁이 치열해지고 신문 산업 자체가 커졌습니다. 취재와 보도 기술도 발달하였지요. 당시 신문들 간의 경쟁이 가장 뜨겁게 펼쳐진 곳은 미국의 최대 도시 뉴욕이었습니다. 한 신문사는 신문값을 크게 낮추어 많이 판매하는 전략을 세우는데요. '박리다매'라고 하지요. 당시 6페니이던 신문값을 1페니까지 낮춰 팔기 시작했습니다. 결국 다른 신문사들도 가격 경쟁에서 뒤질 수 없어 비슷한 방법을 선택하게 됩니다. 사실 이전까지의 신문은 경제적으로 여유가 있는 사람들이나 볼 수 있었습니다. 그런데 값싼 신문이 등장하자 더 많은 사람들이 보게 되었고, 신문의 영향력도 커지게 되었지요. 실제로 1833년 뉴욕에서는 인쇄업을 해 온 벤저민 데이가 〈선The Sun〉[4]이라는 신문을 1페니라는 싼값에 판매하기 시작합니다. '페니 신문'

4 | 다른 지역에서도 같은 이름의 신문이 늘어나 〈뉴욕 선〉이라고도 불린다.

혹은 '1페니 신문'이라고 불린 이유입니다. 〈선〉은 높은 인기 속에 2년 만에 1만 5000부를 발행하며 미국 최대의 신문이 됩니다. 그리고 그 뒤로 〈뉴욕 헤럴드〉, 〈뉴욕 트리뷴〉 등 비슷한 페니 신문들이 생겨나면서 누구나 신문을 읽을 수 있게 된 '신문의 시대'가 열립니다.

신문 구독자가 크게 늘면서 신문의 영향력이 커지고, 신문에 실리는 광고 효과도 증대되었습니다. 신문값을 크게 내렸지만 발행 부수와 수익이 늘어나면서 신문은 더 이상 정당 조직의 후원을 받

1833년 미국 뉴욕에서 창간된 최초의 페니 신문 〈선〉. 서민들도 읽을 수 있도록 재판, 범죄 기사, 길거리의 가십거리를 다루었고, 신문이 대중화되는 데 크게 기여하였다.

지 않아도 되었지요. 이때부터 신문 광고가 신문의 주된 수입원이 되었습니다. 신문이 큰돈을 벌 수 있는 사업 수단이 되자, 상업적인 신문사들이 여럿 등장하게 되는데요. 페니 신문은 더 많은 사람들에게 신문을 팔기 위해 특정한 정치 성향을 지닌 이들을 겨냥하기보다 모든 시민을 고객으로 만들기 위해 객관성과 중립성을 표방합니다. 어떤 정당을 지지하느냐에 상관없이 누구나 읽을 수 있는 신문이라는 점을 강조하게 되지요. '선(Sun)'이라는 신문 제호(명칭)도 태양처럼 '모든 사람에게 동등하게 비추는 빛'이라고 설명합니다. 그 이전까지 신문의 제호는 대부분 '비판자(크리틱)', '전령(헤럴드)', '호민관(가디언, 트리뷴)' 등의 낱말을 포함하고 있었는데, 이런 이름은 신문이 갖는 감시자 또는 비판자의 역할을 강조한 것이었습니다. 모두를 위한 신문을 내세운 페니 신문은 언론에 객관주의 보도와 범죄 보도, 선정 보도라는 새로운 흐름을 가져왔고, 이는 오늘날까지 이어지는 언론의 중요한 특성이 되었습니다.

신문사 간의 경쟁에서 비롯된 옐로 저널리즘

'객관주의 보도'는 어느 관점에서 바라보느냐에 따라 달라지는 '의견'이 아니라 누가 보더라도 똑같은 '사실'을 전달하려는 보도를 뜻합니다. 예를 들어 은행 금리가 오르면 은행에 예금을 한 사람은 이자가 올라가서 기분이 좋겠지만, 대출을 받은 사람은 대출 이자를 더 내야 해서 기분이 좋지 않겠지요. 이 경우 객관주의 보도는 어느 한쪽 편의 입장에서 보도하는 것을 지양하게 됩니다. 은행 금리가 오른다는 사실을 보도하면서 예금자와 대출자에게 끼치는 각각의 영향을 같은 비중으로 다루려고 합니다. 이는 오늘날 언론이 지향하는 당연한 가치가 되었습니다. 객관주의 보도를 지향하는 이러한 신문을 '대중 신문'이라고 부릅니다.

사실 객관주의 보도는 신문을 더 많이 팔기 위한 허울에 불과했습니다. 이 당시 유행한 선정적인 범죄 보도는 마치 소설가가 작품 속에서 상황을 묘사하듯 현장에 있지도 않은 기자가 범죄 현장을 다 지켜본 것처럼 생생하게 표현하는 기사를 쓰기도 했지요. 그럴수록 신문은 더 많이 팔려 나갔고, 신문사들 간의 선정주의 경쟁은 심해졌습니다. 사람들의 관심을 끌기 위해 엽기적인 사건 같은 범죄 기사를 크게 보도하거나 매우 선정적이거나 흥미 위주의 기사를 많이 다룬 이 당시 뉴욕의 대중 신문들을 일컬어 '옐로 페이퍼'라고 부릅니다. 이 같은 선정적이고 질 낮은 보도는 '옐로 저널리즘(황색 언론)'이라고 하고요. 그렇다고 당시 신문들이 노란색 종이에 인쇄된 것은 아니에요.

그렇다면 왜 선정주의 언론을 옐로 저널리즘이라고 부르게 되었을까요? 여기에는 유래가 있습니다. '신문 왕'으로 유명한 조지프 퓰리처는 1890년대 뉴욕에서 〈뉴욕 월드〉라는 신문을 발행하고 있었습니다. 〈뉴욕 월드〉에는 '옐로 키드'라는 당대 최고 인기 만화가 연재되고 있었지요. 그런데 1895년에 또 다른 경쟁 신문사의 발행인인 윌리엄 허스트가 '옐로 키드'를 그리던 만화가인 아웃콜트를 스카우트해서 자신의 〈뉴욕 저널〉에 만화를 그리게 한 것입니다. 그러자 퓰리처는 다른 만화가를 고용해서 '옐로 키드'라는 만화 코너를 이어 갑니다. 뉴욕에서 치열하게 경쟁하던 두 대중 신문에서 '옐로 키드'라는 같은 제목의 만화가 실리는 사태가 벌어진 것입니다. 옐로 저널리즘이라는 말의 기원은 바로 '옐로 키드'에서 온 것입니다. 이 일을 계기로 선정적인 신문을 옐로 저널리즘이라고 부르는 관행이 생겨나게 되었지요. 또한 선정 보도를 일삼던 신문들은 대부분 보통 신문보다 약간 크기가 작은 타블로이드 판형으로 인쇄되었습니다. 그래서 '타블로이드 저널리즘'이라는 말도 옐로 저널리즘과 마찬가지로 선정적인 언론을 가리킵니다. 옐로 저널리즘 시대에 도입된 풍성한 화보, 컬러 만화 등은 이후 다른 신문들로 광범하게 파급되기도 했습니다.

이러한 선정주의적 언론과 대비되는 게 '권위지(퀄리티 페이퍼)'입니다. 프랑스에서 가장 권위 있는 신문은 〈르 몽드〉인데, 이 신문은 1940년대 창간 이후 1면에는 사진이나 색상을 전혀 쓰지 않고 오로지 흑백으로만 인쇄해 왔습니다. 사진이나 색상은 독자로 하여금 이성적 판단을 가로막는 불필요한 요소라는 거지요. 하지만 창간 이후 40년 넘게 1면이 온통 흑백이었던 〈르 몽드〉도 1980년대 중

AMERICAN HVMORIST
COLORED COMIC WEEKLY OF THE
NEW YORK JOURNAL

No. 4.   NEW YORK, SUNDAY, NOVEMBER 8, 1896.   Copyright, 1896, by W. R. Hearst.

THE SEASON OPENS WITH THE HORSE SHOW IN McFADDEN'S ROW OF FLATS

1896년 11월 8일자 〈뉴욕 저널〉의 옐로 키드 만화 지면과 1890년대 〈뉴욕 월드〉에 연재된 인기 만화의 주인공 '옐로 키드'. 당시 이 만화를 놓고 벌인 신문사 간의 치열한 경쟁은 오로지 독자의 시선을 끌기 위해 선정주의에 호소하는, 이른바 옐로 저널리즘을 탄생시켰다.

반부터는 1면에 컬러 사진을 쓰기로 결정합니다. 시각 문화에 익숙한 세대가 신문을 외면하자 결국 독자를 잡기 위해 화려한 편집에 나선 것입니다.

오늘날 한국 사회에서도 옐로 저널리즘을 흔하게 만날 수 있습니다. 공동체 전체에 관련된 일도 아니고, 사회적으로 그다지 중요하지 않은 개인적인 사건들을 지나치게 상세하고 노골적으로 보도하는 기사들입니다. 사람들의 관심을 자극하는 엽기적인 범죄나 유명인의 불륜과 같은 사적이고 은밀한 사건 등을 자세하게 보도하는 행위가 대표적인 옐로 저널리즘이지요. 공동체에 중요한 사안을 보도하는 대신 말초적인 관심사를 집중적으로 보도하는 옐로 저널리즘은 많은 비판을 받으면서도 줄어들기는커녕 인터넷 환경에서 더욱 늘고 있습니다.

인터넷상에서 뉴스를 볼 때는 신문이나 방송에서 중요하게 다루려는 편집 방향 대신, 자신이 관심을 갖는 뉴스를 직접 찾아보는 경우가 많은데요. 보통은 재미있고 선정적인 제목을 단 뉴스에 먼저 눈길이 가기 마련이지요. 그러니 언론사 입장에서도 숨겨진 사안을 드러내는 탐사 보도 위주의 기사보다는 선정 보도가 상업적으로 성공하기 쉽다고 생각할 테고요. 이렇게 옐로 저널리즘이 작동하는 배경에는 신문과 방송 등의 수익 구조와 함께 언론을 소비하는 이용자들의 책임도 적지 않습니다. 우리가 미디어를 현명하게 이용하는 방법(미디어 리터러시)을 익혀야 하는 까닭이기도 합니다.

3. 미디어는 '세상을 보는 창'

뉴스를 전하는 매체는 종이에 인쇄된 신문과 주간지의 모습으로 출발했습니다. 그러다가 기술이 발달하고 생활 방식이 바뀌면서 다양한 미디어가 등장하게 되지요. 20세기에 들어서면서 라디오가 발명되었고, 이어 텔레비전이 보급되면서 본격적으로 매스 미디어(대중 매체)의 시대가 열리게 됩니다. 1920년대에는 라디오가 등장해 새로운 뉴스의 도구로 널리 보급됐습니다. 세계 최초로 상업적인 라디오 방송이 시작된 것은 1920년 미국이었습니다. 이때부터 라디오 수신기가 판매되기 시작했는데, 5년 만에 미국에서만 55만 대의 라디오가 보급되었을 정도라네요. 처음 라디오 뉴스는 신문 기사를 읽어 주는 방식이었지만 시간이 지나면서 오늘날처럼 구어체 뉴스로 자리 잡게 되었습니다. 신문과 달리 간결하면서도 명확한 단어를 사용하여 생생하게 현장을 묘사하는 방식이었지요.

미디어는 한 가지가 아니야

빠르게 발달한 과학기술은 라디오에 이어 텔레비전 시대를 열었습니다. 1936년 독일 베를린올림픽에서 최초로 텔레비전 중계가 이뤄지고, 1940년대에는 미국과 유럽에서 텔레비전 상업 방송이 시작됩니다. 이전까지 영상은 영화관에서나 볼 수 있었지만, 텔레비전 뉴스가 시작되면서 시청자가 안방에서 멀리 다른 지역의 일도 현장에 있는 것처럼 생생하게 지켜볼 수 있게 되었지요. 텔레비전과 더불어 영상의 시대가 열린 것인데요. 신문, 라디오, 텔레비전은 현대인이 느끼고 생각하는 방식, 일하고 소비하는 생활 양식까지 바꾸는 엄청난 변화를 가져왔습니다. 그래서 20세기를 매스 미디어의 시대라고 말하지요. 전 세계의 사람들이 같은 내용의 뉴스나 드라마, 영화, 스포츠 등을 공유하면서 서로 동일한 주제에 대해 생각하고 이야기할 수 있게 되었는데요. 매스 미디어가 등장하기 전까지 사람들은 각자가 태어나 살고 있는 환경과 문화의 영향을 받으며 전통적인 방식으로 살았지만, 매스 미디어가 출현한 이후로 사람들의 생각과 행동은 많이 달라졌습니다. 이후에도 미디어는 계속해서 변화하였습니다. 21세기는 매스 미디어의 시기를 넘어 개인 중심의 인터넷과 소셜 미디어의 시대로 다시 한 번 탈바꿈했습니다.

여기서 잠깐, 앞으로 자주 등장할 언론과 미디어에 관련된 용어들의 정확한 의미를 살펴보도록 할게요. 미디어와 매스 미디어는 어떻게 다른 개념인지, 최근 등장한 소셜 미디어는 어떤 미디어인지, 언론은 어떤 특성을 지닌 미디어인지 말입니다.

먼저 미디어(Media)에 대해 알아볼까요? 미디어란 한쪽을 다른 한쪽과 연결해 주는 중개자 역할을 하는 도구를 말합니다. 우리가 정보를 얻기 위해서, 또 누군가와 소통하기 위해서 활용하는 모든 도구를 미디어라고 말할 수 있어요. 편지, 전화, 책, 라디오, 음악, 영화는 물론 신문과 방송, 인터넷, 이메일, SNS 등 우리가 정보를 교류하고 소통하는 수단으로 활용하는 모든 것을 가리킵니다. 언어도, 문자도 미디어입니다. 우리말로는 '매체'라고 하지요. 미디어는 기술이 발달하면서 점점 더 새로운 형태로 분화하고 있습니다. 사람들이 미디어를 이용하는 시간도 함께 늘어나고 있고요. 뿐만 아니라 미디어를 사용하는 목적도 점차 다양해지고, 미디어가 개인과 사회 전체에 끼치는 영향도 커지고 있습니다.

그렇다면 매스 미디어(Mass Media)는 미디어와 어떻게 다를까요? 매스 미디어란 신문과 방송, 영화 등 많은 사람에게 공개적으로 동시에 전달되어 영향력이 매우 큰 미디어를 가리킵니다. '대중 매체'라고도 합니다. 매스 미디어는 누구나 소유하거나 활용할 수 있는 미디어는 아니에요. 신문이나 방송처럼 윤전기나 전파 송출 시스템과 같은 거대한 기계 설비와 장비, 전문 인력과 조직을 갖춰야 합니다. 이를 위해서는 많은 자본이 필요하고요. 원래 방송을 뜻하는 '브로드캐스팅(Broadcasting)'이라는 단어는 '한꺼번에 많은 사람에게 전파를 보낸다'는 의미를 갖고 있습니다. 브로드캐스트(broadcast)는 '널리(broad)'와 '던지다(cast)'로 만들어진 단어입니다. 씨를 뿌리는 것처럼 널리 전파를 확산시키는 행위가 방송인 것이지요. 이렇듯 매스 미디어는 전문가 집단에 의해 의도적으로 만들어진 내용이 기계 장치를 통해서 한 번에 수많은 사람에게 동시에 전달된다는 특징이 있습니다. 자연히 이용자를 알 수 없다는 점에서 익명성을 갖고요. 거대한 규모의 매스 미디어 기업이 내용을 전달하고 이용자는 주로 받아들이는 일방향(한 방향) 방식을 취하고 있습니다. 따라서 이용자가 전달받은 내용에 반응할 수 있는 방법이 매우 제한적이라는 점이 특징입니다.

여러분은 소셜 미디어(Social Media) 하면 무엇이 떠오르나요? 아마도 가장 먼저 인터넷과 스마트폰이 떠오를 거예요. 소셜 미디어는 인터넷과 스마트폰이 대중화되면서 새롭게 생겨난 개인 간의 연결망을 기반으로 한 미디어를 말합니다. '소셜 네트워크 서비스(Social Network Service)'라고도 하는데, 흔히 'SNS'라고 줄여 말하지요. 대표적인 소셜 네트워크 서비스로는 카카오톡, 라인, 밴드, 페이스북, 트위터, 인스타그램 등을 들 수 있습니다. 서로 '친구 맺기'

나 '팔로(follow)'를 한 사이에서만 유통되고 소통할 수 있다는 점에서 콘텐츠가 익명의 다수에게 무차별적으로 전달되는 매스 미디어와 구별됩니다. 그런데 트위터와 같은 소셜 미디어는 매스 미디어의 개념과 혼동되기도 해요. 인터넷상에서 정보를 널리 전달하기 위한 목적을 띠고 있어서 매스 미디어의 하나인 뉴스 미디어와 비슷한 역할을 한다고도 볼 수 있거든요. 실제로 도널드 트럼프 미국 대통령은 자신의 트위터를 대통령의 공식 브리핑 창구로 활용하고 있으며, 많은 유명인들이 트위터를 뉴스 미디어처럼 이용하고 있습니다. 페이스북이나 카카오톡과 같은 소셜 미디어 역시 뉴스를 더 많이 취급하고 유통하면서 언론의 역할을 하기도 합니다. 소셜 미디어를 이용하는 사람이 많아지다 보니 신문이나 방송 같은 전통적인 뉴스 미디어의 개념도 변화하는 것이지요.

끝으로 언론(Press)에 대해 알아볼 텐데요. 언론은 신문과 방송처럼 영향력이 큰 매스 미디어를 말합니다. 최근에는 미디어 종류가 많아지면서 주로 보도 기능을 지닌 뉴스 매체를 가리키지요. 영어로는 '프레스(Press)' 또는 '뉴스 미디어(News Media)'라고 표현합니다. 신문과 방송만이 아니라, 인터넷으로 보도와 논평을 전하는 뉴스 매체도 언론이고, 신문이나 방송의 기사와 콘텐츠를 편집해 유통하는 미디어도 언론으로 봅니다. 인터넷 언론, 인터넷 방송은 물론 포털 사이트도 새로운 형태의 언론이라고 할 수 있지요. 언론은 사회 전체를 대상으로 주로 공적인 관심사를 공개적으로 널리 다

소셜 네트워크 서비스는 '친구 맺기'나 '팔로잉' 등의 기능을 통해 인맥 네트워크를 효율적으로 형성하는 획기적 서비스로 떠올랐다.

룬다는 점에서 개인들이 사용하는 소셜 네트워크 서비스와는 분명 다릅니다. 이 책에서는 다양한 미디어 중에서도 사회적 영향력이 크고 중요한 '언론'을 집중적으로 다룰 것입니다.

미디어로 보는 세상은 모두 '진짜'일까

미디어는 세상의 모습을 알려 주어 인식을 형성하게 하고 사회 전체의 공통된 문화와 여론을 만드는 중요한 역할을 합니다. 우리는 하루하루 한순간도 쉬지 않고 미디어를 통해서 다양한 정보를 받아들이며 살아갑니다. 미디어 없이는 개인적 삶이나 사회생활, 인간관계를 유지하기 어려울 정도로 미디어에 깊이 의존하며 살고 있지요.

우리가 세상의 모든 정보를 받아들이고 이해하는 데는 한계가 있습니다. 지금 내 눈에 보이는 것만 받아들일 수 있고, 이해할 수 있는 수준의 정보만 받아들일 수 있지요. 미디어가 '세상을 보는 창'이라는 말은, 미디어라는 창에 보이는 정보만 우리에게 전달된다는 것을 뜻합니다. 세상의 수많은 정보와 다양한 모습 가운데서 우리가 만나는 장면은 미디어가 우리에게 보여 주기로 마음먹은 것들입니다. 미디어라는 창을 통해서 세상을 만나게 되는 것이지요. 덕분에 우리는 가 보지 못한 다른 지역이나 지구 반대편의 뉴스도 생생하게 만날 수 있습니다. 이러한 편리함은 동시에 우리가 미디어라는 창을 통해서만 세상을 만날 수 있다는 것을 의미하기도 합니다.

강변이나 바닷가 멋진 곳에 집을 짓고 살면 좋겠지요. 하지만 살아가는 데 물질적 형태의 집만 필요한 것은 아닙니다. 세상을 인식하고 바라보는 '생각의 집'도 필요한데요. 그것을 짓는 데는 돈이 아닌 정신적 재산과 능력이 요구됩니다. 살아간다는 것은 스스로 세상을 바라보고 생각하는 방식을 만들어 간다는 의미입니다. 각자가 생각의 집을 지어 사는 것이지요. 집을 짓는다고 생각해 볼까요. 주춧돌을 놓고 골격을 세우고 지붕을 얹어야 합니다. 현관문과 창문도 빠뜨릴 수 없지요. 바깥 공기와 빛을 얼마나 받아들일지, 창문의 방향과 모양을 결정하고 집을 지어야 합니다. 생각의 집도 건축과 비슷합니다. 중요한 가치들로 기둥을 세우고, 지식과 정보를 받아들일 창을 만들어야 합니다. 미디어를 제대로 안다는 것은 '세상을 보는 창'을 어느 방향으로, 어떤 모양으로 낼 것인지 결정하는 것과 비슷합니다. 사람마다 생각의 집에 어떤 창문을 갖고 있느냐에 따라서 세상의 모습을 얼마나 제대로 알 수 있는지가 결정되기 때문입니다. 미디어를 통해 전달된 지식과 정보는 우리의 생각과 판단을 좌우하는 밑바탕이 됩니다. 그래서 미디어를 제대로 볼 줄 아는 능력은 글자를 읽는 방법만큼이나 지혜로운 삶을 살아가는 데 중요한 힘이 됩니다.

사람은 혼자서 살 수 없습니다. 다른 사람과 더불어 살아가지요. 함께 살아가려면 다른 사람들이 어떻게 생각하고 무엇을 중요하다고 여기는지를 알아야 합니다. 어떻게 다른 사람들의 생각을 알 수 있을까요? 모든 사람을 만나 이야기를 나눠 봐야 할까요? 그건 불가능하지요. 대신 미디어를 통해 세상에서 무슨 일이 일어나는지, 그리고 다양한 문제에 대해 많은 사람들이 어떻게 생각하는지를 알 수 있습니다. 알 수 없는 위험으로 가득한 곳을 탐험하는 모험 전문가는 극한 지역에서 살아남기 위해서는 침착하게 자기 상태와 주변 환경을 객관적으로 파악하는 것이 무엇보다 중요하다고 말합니다. 살아가는 일 역시 내가 사는 세상의 모습을 파악하여야 그 안에서 내가 할 수 있는 일이 무엇일지 판단할 수 있겠지요. 세상을

보여 주는 창인 미디어를 통해서 말입니다.

하지만 미디어는 세상의 모습을 '있는 그대로' 보여 주지는 않아요. 미디어가 세상을 어떻게 보여 주느냐에 따라 우리가 인식하는 세상의 모습은 서로 다를 수 있습니다. 남쪽으로 낸 창과 북쪽으로 낸 창은 빛을 받아들이는 정도가 다르지요. 호텔도 바닷가로 창이 난 숙소와 뒤편 도로로 창이 난 숙소는 숙박료가 다릅니다. 창밖으로 보이는 세상이 때로는 정확하지 않다는 것도 생각해야 해요. 오헨리의 단편소설 〈마지막 잎새〉는 이를 잘 보여 주지요. 생각하는 힘, 스스로 결정하면서 살아가는 힘을 키우려면 세상을 제대로 보는 것부터 시작해야겠지요.

미국의 언론학자 해럴드 라스웰(Harold Lasswell)은 미디어의 네 가지 기능에 대해 말합니다. 첫째는 미디어가 사실을 전달해 세상의 모습을 알려 준다는 것인데요. 매일 밤 9시 뉴스에서 '내일의 날씨'를 한 번도 빼놓지 않고 알려 주는 이유이지요. 태풍이나 지진으로 국가 비상사태가 발생하면 방송사는 정규 방송을 중단하고 재난 특별 방송을 편성해 시시각각 달라지는 상황을 온 국민에게 알려 재난에 대비하도록 합니다. 이처럼 우리는 미디어를 통해서 세상의 모습을 알게 됩니다. 둘째는 미디어가 사실에 대한 평가와 해석을 통해 여론을 만든다고 합니다. 신문이나 방송에서는 단순히 사건이나 정보를 전달하는 데 그치지 않고 무엇이 잘못되었다고 지적하고 비판하는 뉴스가 많습니다. 신문에는 논술 학습에 많이

1장 미디어 이해의 첫걸음, 언론

활용되는 '사설' 코너가 있는데, 사설은 주로 중요한 사안에 대해 비판적으로 접근하는 내용이 대부분입니다. 셋째는 미디어가 공동체의 문화를 다음 세대에 전수하고 교육한다는 것입니다. 한국인이 같은 문화와 정서를 공유하고 있는 것은 우리 모두가 신문이나 방송 같은 미디어를 통해서 같은 내용을 보고 듣기 때문이지요. 미디어는 한 세대에서 다음 세대로 한 사회의 규범과 문화를 전달해 주는 역할도 합니다. 넷째는 미디어의 오락 기능인데요. 사실 방송은 뉴스보다 각종 오락물을 더 많이 편성하고 있습니다. 미디어가 정보를 제공하고 여론을 만드는 기능도 하지만, 동시에 사람들의 즐거움을 위해 영화, 드라마, 코미디, 토크쇼 등 다양한 형태로 오락과 휴식을 취할 수 있도록 한다는 것이지요.

우리는 모두 미디어라는 세계에서 살고 있습니다. 미디어를 만날 수 없는 지역은 세계에서 점점 사라지고 있습니다. 우리는 미디어를 선택하고 이용하는 것처럼 생각하지만, 사실은 미디어가 보여 주거나 알려 준 것만을 볼 수밖에 없습니다. 미디어가 우리의 생각과 판단에 엄청난 영향을 끼치는 배경입니다. 나와 사회에 커다란 영향을 끼치는 미디어, 우리는 얼마나 잘 알고 있을까요? 다음 장에서 좀 더 자세히 살펴보도록 하지요.

언론의
영향력이
이렇게 세다고?

1. 매스 미디어의 영향력

지금 우주선을 타고 온 화성인들이 괴상한 무기를 이용해 미군을 격퇴하며 지구를 침공하고 있습니다. 현재 미국 동부 뉴저지주의 크로버시는 화성인들의 공격을 받아 완전히 점령당했습니다. 화성인들은 계속 진격해 뉴욕으로 접근해 오고 있습니다. 미국 정부는 비상 국무회의를 소집하고 전 군대에 동원령을 내렸습니다.

미국의 상업 방송사인 CBS에서 1938년 10월 30일 저녁에 방송한 라디오 드라마의 한 대목입니다. 이 내용이 방송되자 진짜 화성인이 침략했다고 착각한 수많은 라디오 청취자들이 공포에 질려 피난을 떠나는 일이 벌어졌지요. 방송사에서는 몇 차례에 걸쳐 '실

1938년 미국 CBS 라디오에서 방송된 라디오 드라마는 실제와 같은 연출로 사회적 혼란을 야기하였다. 당시 상황은 신문 기사로도 보도되었다. "Radio Play Terrifies Nation(라디오 드라마가 온 나라를 공포에 떨게 만들다)"이라는 기사 제목이 눈에 띈다.

제 상황'이 아닌 '공상과학 드라마'라는 사실을 알렸다고 합니다. 하지만 이미 실제 상황이라 믿고 있는 청취자들의 귀에 안내 방송은 들리지 않았겠지요. 그날 밤 화성인의 공격을 피해 떠나는 자동차 피난 행렬이 끝없이 이어졌다고 하네요.

당시 미국의 CBS 방송사에서는 〈우주 전쟁〉이라는 라디오 드라마가 한창 인기였습니다. 영국의 소설가인 허버트 조지 웰스의 공상과학 소설인 《우주 전쟁》을 각색한 것인데요. 45분짜리 이 라디오 드라마는 재미와 현실감을 살리기 위해 화성인 침공을 표현하는 다양한 음향 효과와 함께 드라마 중간에 뉴스 보도와 국무부 장관의 대국민 호소를 넣었습니다. 그런데 이 라디오 드라마를 들은 600만 명의 청취자 가운데 100만여 명이 드라마 내용을 사실로 착각하고 공황 상태에 빠진 것이지요. 드라마를 실제로 착각하고 급히 피난길에 오르려다가 다친 사람도 한둘이 아니었습니다.

사람들은 CBS 방송사에 피해 보상을 요구했습니다. CBS 방송사는 결국 다시는 시청자들을 놀라게 하는 이런 일은 없을 거라며 공개적으로 사과했습니다. 미국 정부에서도 방송 드라마에서 청취자들이 착각할 수 있는 '긴급 뉴스'와 같은 보도 형식을 사용해서는 안 된다고 하였지요. 미국에서 이런 소동을 겪은 지 불과 몇 년 뒤에 남미의 칠레에서도 비슷한 일이 벌어졌습니다. 〈우주 전쟁〉을 현지 사정에 맞게 각색하여 방송한다는 것이 미국에서와 같은 상황으로 치닫게 만들었지요. 한 놀란 청취자가 심장마비로 사망하기까지 하였습니다. 텔레비전이 없던 시기에 라디오는 오늘날 텔레비전이나 인터넷을 대신하는 중요한 미디어였습니다. 사람들은 날마다 라디오로 뉴스를 듣고, 노래를 듣고, 연속극을 들었습니다. 왜 사람들은 라디오 드라마를 듣고 코미디 같은 착각에 빠진 것일까요? 미디어의 영향력이 얼마나 대단하기에 이런 일이 벌어질까요? 물론 미디어가 미국인들에게만 강력한 영향력을 끼친 것은 아니었습니다.

사람들의 마음을 움직이는 마법의 도구

나치 독일의 지도자 아돌프 히틀러는 미디어의 힘과 효과를 누구보다 잘 알고 활용한 사람입니다. 히틀러는 미디어를 이용해 국민들의 마음을 움직이는 데 뛰어난 능력을 보였습니다. 그는 1차 세계대전에서 독일이 패망한 원인을 영국과 미국 등 연합군과의 선전 대결에서 독일이 실패했기 때문이라고 봤습니다. 그래서 집권하자마자 '국민 계몽 선전부'라는 조직을 만들지요. 히틀러는 여론 조작의 달인인 요제프 괴벨스를 장관으로 임명해 국민을 대상으로 나치즘 선전 활동을 강화했습니다. 뛰어난 웅변가이기도 한 히틀러의 모든 연설은 라디오로 독일 전역에 중계됐습니다. 인류 역사에서 한꺼번에 수천만 명에게 메시지를 전달할 수 있게 된 것은 이때가 처음입니다. 나치 독일은 신문과 라디오만이 아니라, 텔레비전과 영화를 선전 활동에 동원하며 영상 기술을 발달시킵니다. 영화 감독 레니 리펜슈탈은 히틀러를 주인공으로 한 영화를 만들어, 그를 독일 영웅으로 묘사하였지요. 나치는 정치적 선전을 위해 미디어를 적극 활용하였는데요. 20세기 초반 러시아에서도 볼셰비키 세력은 선전 활동이 끼치는 영향력을 잘 알고 적극 활용하여 공산 혁명을 성공으로 이끌었습니다. 볼셰비키의 지도자 블라디미르 레닌은 대부분이 글을 읽지 못하는 문맹자였던 러시아 농민들에게 혁명의 이념과 필요성을 알리기 위해, 당시로서는 첨단 미디어인 영화를 활용해 설득 작업에 나섰지요.

　이렇듯 미디어가 많은 사람들의 선택과 판단을 조종하는 현상은 사람들의 교육 수준이 낮고 지금처럼 다양한 미디어가 없던 100여 년 전에만 해당하는 것일까요? 사람들이 더 많이 배우고, 인터넷과 소셜 미디어 등 미디어가 훨씬 다양해진 지금은 그렇지 않다고 말할 수 없습니다. 우리가 지금 당연하게 여기는 많은 것들, 예를 들어 독도, 한국인, 판사, 대학생, 국회의원, 핵폐기물, 영화감독, 프로 야구 선수와 같은 단어를 만날 때 우리 마음속에 떠오르는 생각이나 느낌을 한번 상상해 봅시다. 사람마다 조금씩 다르긴 하더라도 한국인은 이런 단어들에 대해서 대개 비슷한 생각과 느낌을 갖고 있습니다. 그 덕분에 처음 만난 사람끼리도 대화가 통하고, 아무도 시키지 않았지만 월드컵 경기를 보면서 한목소리로 한국 팀을 응원하는 거지요. 한국인이 공통적으로 품고 있는 이러한 생각과 느낌은 어디에서 온 것일까요? 우리가 한국 사회와 문화 속에서 살아오는 동안 자연스럽게 형성된 것이겠지요. 그렇다면 한국 사회와 문화는 어떻게 전달되어서 우리가 스스로를 한국인이라고 여기게 만들까요?

　한 사회는 구성원이 서로 공유하는 생각과 가치 체계 덕분에 유지됩니다. 이를 '상상의 공동체'라고 하지요. '상상의 공동체'를 만들고 유지하는 데는 매스 미디어가 중요한 역할을 합니다. 생각은 각자가 직접 경험하여 갖게 된 것들도 있지만, 그보다 텔레비전이

텔레비전은 매스 미디어를 듣는 것에서 보는 것으로 확장시키며 영상의 시대를 열었다. 사진은 1950년대 텔레비전이 막 보급되던 시기, 미국의 한 가정에서 텔레비전을 시청하는 모습.

나 신문, 인터넷 등의 미디어를 통해 간접적으로 형성된 것이 훨씬 더 많거든요. 텔레비전, 라디오, 신문 등 매스 미디어는 전문가들이 만든 내용을 많은 사람들에게 동시에 전달합니다. 매스 미디어는 날마다 정해진 시간에 똑같은 방법으로 보도하고, 사람들은 하루도 거르지 않고 신문과 텔레비전을 보고 듣습니다. 날마다 세수하고 양치질하는 것처럼 매스 미디어 시청은 현대인의 필수적인 습관이 되었습니다.

방송에서 앵커는 마치 텔레비전이 놓여 있는 우리 집 거실에 마주 앉아 있는 것처럼 뉴스를 보도합니다. 뉴스를 시작할 때는 "안녕하십니까?"라며 직접 만난 것처럼 대화체로 말을 건네고, 뉴스가 끝날 때에는 고개를 숙여 공손히 인사를 합니다. 방송국 스튜디오에서 뉴스를 진행하는 앵커 눈에는 뭐가 보일까요? 카메라와 모니터만 보입니다. 우리 집 거실이나 시청자가 보일 리 없지요. 앵커와 아나운서는 단정한 옷차림에 차분한 눈빛과 정확한 발음으로 뉴스를 전달합니다. 시청자가 신뢰를 갖고 뉴스를 받아들이도록 만드는 것이지요. 그 결과 매스 미디어는 개인과 사회가 집단적 인식을 형성하도록 하는 데 무엇보다 큰 영향을 끼치게 됩니다. 앞에서 살펴본 것처럼 쿠데타 세력이나 독재 정권이 매스 미디어를 장악하고 통제하려는 이유 역시 매스 미디어가 세상에 대한 사람들의 생각을 좌우하기 때문입니다.

영국의 소설가 조지 오웰의 《1984》에는 독재 정권이 시민들의 생각을 빈틈없이 통제해, 모든 사람이 거대한 감옥 같은 사회에 사는 모습이 그려집니다. 《1984》에서 독재 정권은 미디어를 이용해 권력을 유지하고 사람들을 통제합니다. 《1984》의 배경인 독재국가 오세아니아는 모든 가정마다 정부가 운영하는 쌍방향 미디어 기기인 '텔레스크린'이 설치되어 있지요. 국가는 텔레스크린을 통해 국민들에게 정보와 오락을 제공하고, 동시에 오늘날 폐쇄회로 TV(CCTV)처럼 시민들의 일상을 감시하는 도구로 활용합니다. 소설 속 독재 정부에는 '진리부'라는 부처가 있는데, 이곳은 신문과 방송을 비롯해 모든 정보를 통제하고 검열합니다. '과거를 지배하는 자가 미래를 지배하며, 현재를 지배하는 자가 과거를 지배한다'라는 진리부의 표어는 의미심장합니다.

생각하고 판단하는 것은 개인의 역량에 달려 있습니다. 그러나 우리가 자기 생각이나 감정이라고 여긴 것들이, 알고 보면 사회와 문화를 통해 학습하고 익숙해진 결과일 때가 많지요. 현대 사회에서 미디어는 다른 무엇보다 사람들의 생각과 정서에 커다란 영향을 끼칩니다. 그렇다고 여론이나 선거처럼 정치적인 문제에만 영향을 끼치는 것도 아닙니다. 정치나 사회문제에 관심이 없는 사람들의 생각에도 미디어가 크게 영향을 끼칩니다.

미디어의 또 다른 힘, 광고

매스 미디어를 누구보다 잘 활용하는 곳은 기업입니다. 아무리 품질이 좋은 상품이라도 광고를 하지 않으면 효과적으로 팔기 어렵습니다. 텔레비전이나 신문, 영화, 인터넷 등 우리가 만나는 매스 미디어는 광고로 가득합니다. 인기 드라마나 월드컵 축구처럼 시청률이 높은 방송 프로그램에는 광고비가 엄청나게 비쌉니다. 그런데도 기업들이 거액을 들여 광고를 하지요. 이는 광고의 효과를 잘 알기 때문입니다.

광고를 '자본주의의 꽃'이라고 말합니다. 소비자와 생산자를 연결해 주어 자본주의 시스템이 원활하게 돌아가도록 돕는 역할을 하기 때문이지요. 아무리 잘 만든 제품이라도 광고 없이는 소비자에게 제품을 알리기 어렵습니다. 광고 덕분에 소비자가 제품을 알게 되고, 사고 싶은 마음을 먹게 됩니다. 광고는 우리 마음을 움직이는 힘이 있습니다. 텔레비전에서 아이스크림 광고를 하면 갑자기 아이스크림이, 치킨 광고를 하면 치킨이 먹고 싶어집니다. 어떤 광고에는 제품의 이름이나 특징을 한 번도 소개하지 않기도 합니다. 영화배우가 나와서는 멋지게 사는 모습을 보여 주면서 그가 입고 있는 옷이나 자동차를 슬쩍 비출 뿐입니다. 제품을 직접 선전하지는 않지만 보는 사람들에게 부러움과 동경을 일으키는 것인데요. '나도 저 제품을 사면 저렇게 멋지게 될 수 있을 것 같아' 하는 마음이 들게 만듭니다. 당장 제품 구매로 이어지지 않더라도 기업이나 제품에 대한 소비자의 생각을 좋게 만드는 이런 광고들을 '이미지 광고'라고 합니다.

권위 있는 전문가나 인기 연예인이 광고에 등장해서 이 제품이 좋다고 말하면 광고 효과는 더욱 커집니다. 한 유명한 여배우는 텔레비전에서 건설회사 광고에 나와, 멋지게 꾸민 집에서 "저는 ○○아파트에 살아요"라고 자부심 가득한 표정으로 말했지요. 그런데 나중에 알고 보니, 실제로는 여배우가 그 아파트에 살지 않았다고 알려졌습니다. 시청자들의 항의와 비난이 쏟아졌어요. ○○아파트에 살지도 않으면서 왜 사는 것처럼 거짓 광고를 했느냐는 것이지요. 결국 광고는 중단됐습니다. 많은 사람들이 광고를 광고로 받아들이지 않고 진짜 그대로 받아들인다는 것을 보여 주는 사례입니다. 바로 광고의 힘이자 미디어의 힘입니다.

여러분 혹시 아세요? 요즘은 시청자들에게 끼치는 영향을 고려해 금지되었지만, 예전에는 텔레비전에서 술이나 담배 제품을 홍보하는 광고를 했었어요. 요즘은 광고뿐 아니라 드라마에서도 술을 마시거나 담배 피우는 모습을 방송하지 못하도록 바뀌었지요. 영화관에서 개봉한 영화를 텔레비전으로 다시 방영할 때는 폭력적인 장면이나 음주, 흡연 장면 등을 제거하고 방송하는 경우가 많습니다. 영화와 달리 텔레비전은 모든 연령대가 볼 수 있기 때문이지요. 미디어를 통해서 만나는 정보는 그것이 뉴스이건 광고이건 사람들에게 상당한 영향을 끼칩니다. 같은 내용이라도 신문과 방송을 통해서 전달되면 그 내용에 권위와 신뢰가 실립니다. 중국의 고사성어에 '삼인성호(三人成虎)'란 말이 있습니다. 세 사람이 우기면 없던 호랑이도 만들어 낸다는 이야기인데, 권위 있는 매스 미디어가 전달하는 내용을 사람들이 곧이곧대로 믿는 것도 마찬가지입니다. 서양에도 "보는 것이 곧 믿는 것(Seeing is believing)"이라는 말이 있지요.

76

미디어는 정보와 오락을 제공해 주는 편리하고 고마운 도구이지만, 그 영향력이 너무 크기 때문에 현명하게 이용해야 합니다. 어떻게 이용하는 것이 현명할까요? 미디어나 광고로 전달되는 것을 그대로 받아들이기보다 다소 거리를 두고 생각할 수 있어야 합니다. 앞서 이야기한 1938년의 미국 상황을 떠올려 보지요. 당시 〈우주 전쟁〉의 모든 청취자가 화성인의 지구 침공을 실제 상황이라 믿은 것은 아니었어요. 여섯 명 중 한 명 정도만이 라디오 드라마를 사실로 착각했지요. 왜 누구는 실감 나는 드라마로 여기고, 누구는 실제 상황으로 착각했을까요? 바로 미디어를 비판적으로 볼 수 있느냐 없느냐의 차이입니다. TV에서 위험한 장면을 연출할 때는 "절대 아이들은 따라 하지 마세요"라는 안내 자막을 내보냅니다. 현실과 방송의 연출을 구분하지 못하는 아이들이 TV 속 주인공을 따라 슈퍼맨처럼 높은 곳에서 보자기를 두르고 뛰어내리다가 사고를 당하는 경우도 있었거든요. 미디어의 영향력이 크다는 것은 그만큼 미디어를 이용하는 우리의 비판적 이해 능력이 중요하다는 걸 의미합니다.

2. 언론 보도로 바뀐 풍경들

세상을 변화시키는 가장 커다란 힘은 사람에게서 나옵니다. 사람이 생각하는 대로 세상을 움직이기 때문이지요. 그렇다면 사람의 생각은 어떻게 변화될까요? 바로 무엇을 보고 듣느냐에 따라 달라집니다. 미디어는 많은 사람의 생각을 바꾸는 세상의 눈과 귀입니다.

한 장의 사진이 역사를 바꾸다

1972년 미국의 리처드 닉슨 대통령은 당시 공화당 소속으로 재선을 위한 선거 운동을 펼치고 있었습니다. 그런데 공화당의 경쟁

상대인 민주당의 선거 운동 사무실이 있는 워터게이트(Watergate) 빌딩에 다섯 명의 절도범이 무단 침입했다가 경찰에 체포되는 사건이 벌어졌습니다. 절도범들은 단순한 도둑이 아니라 도청기를 설치하려는 공화당의 비밀 공작원이라는 사실이 〈워싱턴 포스트〉 신문의 보도로 알려집니다. 당시 민주당 후보보다 지지율이 20퍼센트가량 앞서 있던 닉슨 대통령은 도청 사건에도 불구하고 어렵지 않게 재선에 성공했습니다. 하지만 〈워싱턴 포스트〉는 워터게이트 사건을 줄기차게 보도했고, 그 과정에서 닉슨 대통령이 적극적으로 조작에 가담했다는 사실을 밝혀냅니다. 닉슨은 결국 1974년 의회의 탄핵 결정을 앞두고 스스로 대통령 자리에서 물러납니다. 미국 역사상 처음으로 대통령이 임기 도중에 사임하는 일이 일어난 것이지요. 워터게이트 사건은 미국 정치를 바꾼 중대한 사건으로 기록되었습니다. 이후 권력형 부정부패를 가리켜 '○○게이트'라고 부르게 되었지요. 이를 가능하게 한 것은 경찰에 잡혀 온 절도범들이 공화당의 비밀 공작원이라는 걸 알아내고 끈질기게 추적해 사건의 전모를 밝힌 〈워싱턴 포스트〉의 보도였습니다. 진실을 보도한 신문 기사가 세계 최고의 권력자를 물러나게 만든 힘이었지요.

우리나라에서도 언론은 정치를 바꾸는 데 중요한 역할을 했습니다. 1960년 4·19 혁명은 이승만 대통령의 4선 연임을 가능하게 한 그해 3월 15일 부정 선거에 항의하는 전국적 시위에서 시작되었습니다. 당시 마산에서 3·15 부정선거에 항의하던 고등학생 김주열 군이 시위에 참가한 뒤 행방불명되었다가 실종 27일 만인 4월 11일 마산 앞바다에서 변사체로 발견된 것이 알려지면서 전국적으로 확산되었지요. 4월 11일 〈부산일보〉에는 오른쪽 눈에 알루미늄 최루탄이 박힌 채 마산 중앙부두에 떠오른 김주열 군의 처참한 시신이 생생한 사진으로 보도되었습니다. 사진이 실린 뉴스가 전국에 알려지자 온 국민의 분노가 치솟았고, 이는 4·19 혁명의 도화선이 되었습니다. 경찰은 성난 시위 군중을 향해 총을 쏘았고, 그 결과 무고한 시민 수백 명이 사망하는 일까지 벌어졌습니다. 4·19 혁명으로 결국 이승만 정권은 무너졌습니다. 김주열 군의 처참한 모습이 신문에 보도되지 않은 채 감춰졌다면 4·19 혁명의 모습은 달라졌을 수도 있습니다.

김주열 군의 사망 보도가 촉발한 시위로 이승만 정권이 무너진 것처럼, 전두환 정권도 대학생 박종철 씨와 이한열 씨의 사망 보도로 분노한 시위대에 의해 무너졌습니다. 1980년 쿠데타로 집권한 전두환이 통치하던 시절인 1987년에 서울대 언어학과 3학년이었던 박종철 씨가 경찰에 연행되어 서울 남영동 대공분실에서 물고문을 받다가 숨진 사건이 일어났습니다. 경찰이 잠적한 선배의 연락처를 대라며 박종철 씨에게 물고문을 하다 죽인 것이었습니다. 경찰은 박 씨가 숨진 뒤 사건을 은폐하려고 "책상을 '탁' 치니, '억' 하고 죽었다"라는 터무니없는 발표를 했는데, 언론은 양심 있는 부검 의사의 증언을 통해 '물고문에 의한 사망'임을 밝혀내는 보도를 했습니다. 죄 없는 대학생을 물고문으로 숨지게 한 만행이 〈중앙일보〉, 〈동아일보〉, 〈경향신문〉 등의 보도로 알려진 뒤 민주화 시위는 걷잡을 수 없이 확대되었습니다. 시위가 격화되던 그해 6월 9일 연세대 재학생 이한열 씨가 머리에 최루탄을 맞고 숨지는 일까지 벌어졌습니다. 최루탄을 머리에 맞고 피를 흘리며 쓰러지는 이 씨를 동료 학생이 부축하고 있는 한 장의 사진이 외신 기자에 의해 보도되었지요. 사진을 본 모든 시민들은 눈물을 흘리며 분노했습니다. 그리고 이튿날인 6월 10일 전국에서 100만 명이 넘는 시민들이 모여 대규모 시위를 벌이게 됩니다. 결국 1987년 민주화 운동으로 대통령 직선제를 도입한 새로운 헌법이 만들어져서 제6공화국이 출범하게 되었습니다. 만약 박종철 씨나 이한열 씨의 죽음이 신문에 보도되지 않았더라면 한국의 민주주의 역사는 다르게 진행되었을 수도 있지 않을까요?

2017년 박근혜 대통령의 탄핵에 이르는 과정에도 언론의 역할이 매우 컸습니다. 헌법을 무시한 채 비선 실세인 최순실에 의존하며 자신을 반대하는 사람들의 블랙리스트를 만들어 국정을 농단한 대통령의 범죄 행위가 언론 보도로 비로소 알려졌습니다. 〈한겨레〉, JTBC 등의 보도로 박근혜, 최순실, 김기춘 등의 국정 농단 행위가 상세히 알려졌고, 이는 수백만 명이 민주주의 회복을 요구하는 촛불 집회로 이어졌습니다. 언론의 '최순실 국정 농단' 보도가 있기 전까지는 국정을 서로 감시하고 견제하도록 만든 민주주의 국가의

82

2장 언론의 영향력이 이렇게 세다고?

전경이 쏜 최루탄에 맞아 쓰러진 이한열 씨와 그를 부축하는 동료의 사진이 당시 신문에 기사화되었다.(《경향신문》 1987년 7월 6일자 10면)

3권 분립 시스템은 전혀 작동하지 않았습니다. 현직 대통령의 노골적인 헌법 위반과 국정 농단을 민주주의의 3대 권력인 입법부, 행정부, 사법부 어디에서도 파악하거나 견제하지 못했습니다. 언론이 충격적인 국정 농단 사실을 연이어 보도하기 시작하면서 시민들의 대대적인 요구로 비로소 국회와 검찰, 사법부에서도 대통령의 불법

행위를 처벌해야 한다는 목소리가 생겨나기 시작했지요.

겉으로 드러나 있지 않은 일을 언론이 오랜 기간 취재를 통해 세상에 드러내는 것을 '탐사 보도'라고 합니다. 화재나 스포츠 경기 소식처럼 일어난 사건이나 결과를 단순히 알리는 것이 아니라, 언론이 주도적으로 추적하고 탐사하여 감춰진 일을 세상에 드러내는 보도입니다. 언론이 근거를 갖고 그 사실을 보도하게 되면, 더 이상 '없는 일'로 감추거나 거짓으로 덮는 것이 불가능해집니다. 언론에 보도되어야 모든 사람들이 알게 되고, 비로소 사실이 확인되는 것이지요. 그 과정에서 무엇이 문제이며, 어떤 사람들이 잘못했고, 누가 이익을 보는지도 밝혀집니다. 사실이 드러나도 거리낄 것이 없다면 괜찮겠지만, 불법이나 비리 사실이 그대로 드러나면 비판 여론과 처벌을 피할 수 없습니다. 언론은 사회의 어두운 그늘에 빛을 비추어 드러내는 역할을 합니다. 언론이 제 역할을 할수록 사회의 그늘은 줄어들고 좀 더 투명하고 깨끗한 모습을 갖게 됩니다. 세상을 좀 더 살기 좋게 변화시키는 데 언론의 역할이 중요한 것이지요.

언론에 보도되면 왜 바뀌는 것일까

언론이 권력을 감시하거나 비판하는 역할만 하는 것은 아닙니다. 지금은 당연하게 받아들이고 있는 일상의 평범한 모습도 언론 보도로 바뀌게 된 것이 많습니다. 요즘은 중고생의 머리 길이와 모양에 규정을 두어 제한하는 학교가 많지 않지만, 예전에는 대부분의 학교에서 남학생은 스포츠형 머리, 여학생은 단발머리만 하도록 제한했습니다. 하지만 머리를 기르면 안 된다는 학교 규정에 맞서는 학생들의 사례가 신문과 방송에 보도되고, 학생들의 머리 모양을 지나치게 제한하는 것은 인권 침해라는 여론이 만들어지면서 많은 학교들이 두발 제한 학칙을 없애게 됐지요.

　과자나 아이스크림 같은 간식도 언론에 보도되면 달라집니다. 한동안 감자 칩이나 스낵류의 포장은 큼지막한데 내용물 보호를 위한 충전재 질소가 가득하고 정작 과자는 한 줌에 불과한 경우가 많아 소비자들의 불만이 높았습니다. "질소를 한 봉지 샀더니 과자 몇 개가 따라왔다"라는 '질소과자'라는 별명을 얻기도 했지요. 수입과자들에서는 찾아보기 힘든 국내 제과업체들의 과대 포장에 대한 언론의 비판이 잇따르자, 제과업체들은 결국 질소를 줄이고 내용물을 추가하는 방향으로 개선하겠다며 포장 방식을 바꿨습니다. "소비자들, 국내 '질소과자' 대신 수입과자 찾아"와 같은 언론 보도가 없었다면, 제과업체들의 '질소과자'는 계속되었을지 모릅니다.

　아이스크림과 같은 얼음과자는 그동안 제조일자만 표시되어 있고 유통기한이 없어서 몇 년 지난 빙과류가 팔린다는 사실을 언론이 잇따라 보도했습니다. "아이스크림, 유통기한 없이 판매돼 문제"라는 언론 보도가 나자, 일부 국회의원들은 〈식품위생법〉을 개정해 아이스크림에도 유통기한을 표시하도록 하는 법안을 만들어 제출했습니다. 비로소 많은 소비자들도 아무리 얼음과자라도 유통기한이 필요하다는 생각을 갖게 되었고, 국회의원들이 이를 제도적으로 뒷받침하기 위해 입법 활동에 들어간 것이지요.

또한 초등학교 앞에서 어린이 교통사고가 빈번하다는 뉴스가 보도되자 선진국에서는 어린이 보호를 위해 초등학교 주변의 차량 속도를 특별히 낮추도록 제한한다는 사례가 소개된 적이 있었습니다. 이런 보도가 잇따르자 우리나라에도 초등학교와 유치원 주변의 반경 300미터를 '어린이 보호구역(School Zone)'으로 지정해, 차량 속도를 시속 30킬로미터로 제한하였지요.

그런가 하면 우리들의 권리를 되찾는 데에도 언론은 중요한 역할을 합니다. 많은 청소년들이 카페나 편의점 등에서 아르바이트를 하는데요. 일주일 동안 정해진 주당 노동시간을 모두 일하게 되면 하루치의 휴일 수당을 주도록 법이 규정하고 있습니다. 흔히 '주휴수당'이라고 합니다. 〈근로기준법〉에는 노동자가 일주일 동안 정한 근무 일수를 개근하여 근로하면 하루치의 휴일을 주게 되어 있습니다. 아르바이트와 같은 시간제 노동은 계약에 따라 하루 6시간씩 주 6일을 모두 근무하면 노동자는 하루를 쉬더라도 하루치 급여(6시간×시급)를 지급받는 거지요. 하지만 카페나 편의점 사장들이 아르바이트를 하는 청소년들에게 주휴수당을 지급하지 않고 실제 노동시간에 해당하는 시급만을 지급하고 있었습니다. 노동법규나 자신의 권리를 찾는 데 어두운 청소년들은 주휴수당이라는 개념도 알지 못했지요. 청소년들은 대부분 자기가 일한 시간에 대한 급여만 받으면 되는 걸로 알고 있었습니다. 주휴수당을 지급받지 않는 게 사업자의 임금 체불이라는 것을 자각하지 못했습니다. 그런데 언론에서 주휴수당을 받지 못한 채 일하는 아르바이트생들의 문제를 제기하면서 사회적 이슈가 되었지요. 대부분의 커피 체인점들이 주휴수당을 지급하지 않고 있는 실태도 밝혀졌습니다. 언론 보도가 잇따르자 비판 여론이 일었어요. 그러자 주휴수당 미지급 사태를 방치하거나 신경 쓰지 않던 정부 부처와 수사 당국도 개선에 나서게 되었지요. 그 결과 주휴수당을 지급하지 않던 카페나 판매점들이 달라졌습니다. 세상 경험이 적고 혼자서는 항의하는 법도 몰랐던 청소년들이 언론 보도 덕분에 주휴수당을 되찾는 데 도움을 받은 사례입니다.

신문사나 방송사에는 부당한 일을 겪고 있다는 다양한 제보가 들어옵니다. 언론에 보도되어 문제점이 개선되어야 한다는 것이 제보자들의 생각입니다. 왜 언론에 보도되면 문제점이 개선되고 약자의 권리를 되찾을 수 있다고 여길까요?

제보자를 비롯한 관련된 사람들이 문제를 제기하더라도, 그것만으로는 문제점을 개선하기 어렵습니다. 언론에 보도되어 많은 사람들이 알게 될 때 여론이 모아져 문제를 해결할 힘이 생기지요. 언론은 제보를 보도할 때 단순히 그 내용만을 그대로 전달하지 않아요.

기자들이 별도로 취재하여 제보 내용을 검증하고 왜 그런 일이 생겼는지, 그래서 문제의 원인이 무엇인지 파악해서 많은 사람들이 이해하기 쉽게 전달합니다. 언론은 그렇게 취재한 정보를 뉴스를 통해 수많은 사람들에게 빠르고 생생하게 전달합니다. 언론에 보도되었다는 것은 취재를 통해 사실 여부가 확인되었다는 것이기도 합니다. 그래서 언론 보도는 제보와 달리 신뢰성과 영향력을 갖게 되고, 이는 민주주의 사회에서 여론을 형성하는 역할을 합니다. "많은 사람들의 말은 쇠도 녹인다(중구삭금)"라는 중국 초나라 시대의 말이 전해집니다. 여론의 힘이 그만큼 대단하다는 의미인데요. 이렇듯 언론에 보도되어 여론이 형성되면 쇠도 녹일 만한 가공할 힘을 갖게 되는 것이지요.

3. 언론의
다양한 효과

　현대의 민주주의는 대중의 정치적 영향력이 큰 '대중 민주주의'
로도 불리는데, 이는 대중에게 대단한 영향을 끼치는 매스 미디어
의 발달과 뗄 수 없는 관계에 있습니다. 사람들은 매스 미디어의 영
향력이 크다는 것을 알게 되면서 미디어가 어떤 방식으로 영향력
을 끼치는지, 또 그 힘이 어느 정도인지 연구하기 시작했습니다. 매
스 미디어가 사람들에게 즉각적이고 강력한 효과를 미치는 것으로
보아, 이를 설명하는 '탄환이론'이나 '피하주사이론'이 등장하였지
요. 노벨 생리의학상을 받은 러시아의 생리학자 이반 파블로프 박
사가 개를 상대로 실험한 조건반사 개념이 사람에게도 적용될 수
있을 것이라는 생각을 품게 만드는 이론인데요. 파블로프는 개에게

밥을 주면서 일정한 시간에 종을 치는 행위를 반복하면, 나중에 개가 종소리만 들어도 식사 시간인 줄 알고 침을 흘리는 현상을 밝혀 냈습니다. 특정한 조건에서 지속적으로 같은 자극을 주면 예상한 반응을 얻을 수 있다는 것이지요.

주입식 교육이나 반복적인 광고도 마찬가지입니다. 일부 두통약이나 감기약 광고는 제품 효과를 논리적으로 설명하지 않고 제품 이름만을 반복적으로 외칩니다. '세뇌형 광고'라고도 하는데요. 오랫동안 이런 반복적인 광고에 노출되다 보면 자신도 모르게 어느새 약을 사러 가서는 특정 약품을 달라고 말하게 됩니다. 제약회사들이 헛돈을 쓰려고 유치한 광고를 만드는 것이 아니에요. 이런 방식의 광고 효과가 높다는 것을 알고 있기 때문입니다. 미디어의 영향력에 대한 다른 분석도 있습니다. 미디어로부터 직접적인 영향을 받기보다는 자신이 알고 있거나 신뢰하는 사람에게서 영향을 받는다는 것인데요. 같은 이야기라도 내가 좋아하는 사람이나 평소에 존경하는 사람이 말하면 더욱 신뢰하게 되지요. 광고는 사람들의 이러한 심리를 이용하여 인기 많은 연예인이나 신뢰감 높은 유명인을 등장시켜 상품을 홍보합니다.

앞서 살펴본 〈우주 전쟁〉 소동을 보면, 모든 청취자가 놀라서 도망가거나 실제 상황으로 착각한 것은 아니었습니다. 오히려 대부분의 사람들은 연출된 상황이라는 것을 인지한 채 재미있게 감상했지요. 비판적 수용 능력이 없는 일부 청취자들만이 혼란에 빠진 것입니다. 이성적 존재로서 사람은 '파블로프의 개'처럼 수동적으로 반응하기보다 스스로 생각하고 판단하는 능력을 길러야 합니다.

왜 사람들은 언론 보도에 영향을 받을까

민주주의 사회에서는 선거나 중요한 문제를 결정하기에 앞서 사람들이 어떻게 생각하는지 알기 위해 여론조사를 실시합니다. 이때 독특한 현상이 발견되는데요. 사람들이 자신의 생각을 먼저 드러내기보다 다른 사람들이 어떻게 생각하는지, 즉 여론을 살핀 뒤에 다수 의견에 동의하거나 자신의 의견을 감춘다는 것인데요. 이를 '침묵의 나선 이론' 또는 '침묵의 소용돌이'라고 부릅니다. 사람들은 사회로부터 고립될지 모른다는 두려움 때문에 자신의 생각이 다수와 다를 경우에 침묵하는 경향을 띤다는 것이지요.

1970년대 독일에서는 사형 제도에 대한 여론조사가 있었습니다. 그런데 대다수가 사형 제도에 대해 비판적이었어요. 이유를 살펴보니, 독일 언론 대부분이 사형 제도를 폐지해야 한다고 주장했다는 것입니다. 그 때문에 사형 제도에 찬성하는 사람들조차 여론조사에서 자신의 의견을 감췄던 것인데요. 여론이라는 장(場)에서는 소수 의견이 점점 축소되고 다수 의견이 점점 확대되는 현상이 나타납니다. 실제로 우리나라에서도 선거 때 여론조사 내용과 실제 결과가 다르게 나타나는 경우가 많은데요. '침묵의 나선 이론'은 이를 잘 설명합니다. 침묵의 나선 이론은 매스 미디어가 전달하고 만들어 내는 여론의 영향력이 여론과 다른 생각을 가진 사람들을 압도한다는 의미이기도 합니다. 자신의 생각이 다수와 다른 경우에, 웬만한 용기가 없다면 "내 생각은 달라"라고 주장하기 힘든 게 사실이지요.

언론의 주요한 역할은 특정한 사안을 두드러지게 만드는 일입니다. 세상에는 날마다 다양한 일들이 일어나지만, 신문과 방송에 뉴스로 보도되는 일은 그렇게 많지 않습니다. 신문에는 가장 중요한 뉴스가 1면에 실리는데, 보통 서너 개의 기사가 실립니다. 각 방송사의 저녁 뉴스에서도 앵커가 제일 먼저 소개하는 뉴스는 언제나 하나입니다. 그날의 가장 중요한 뉴스를 제일 먼저 내보내지요. '톱뉴스', '머리기사', '헤드라인'이라고도 합니다. 언론사는 중요하다고 여기는 뉴스를 한 번 다루는 데 그치지 않아요. 내일도, 모레도 여러 건의 관련 보도를 계속해서 이어 갑니다. 신문과 방송에서 연이어 보도하는 뉴스가 온 국민이 아는 중요한 뉴스가 되는 것이지요.

그런데 '닭이 먼저냐, 달걀이 먼저냐'와 같은 고민이 들 수 있습니다. 중요한 뉴스라서 언론이 날마다 보도하는 것인가, 아니면 언론이 날마다 보도해서 중요한 뉴스가 되는 것인가 하고 말이지요. 실제로는 두 측면이 한데 섞여 있습니다. 중대한 문제라서 언론이 주요하게 보도하고, 또 그 때문에 더 중요한 뉴스가 되는 것이지요.

언론은 '게이트키핑(gatekeeping)'이라는 과정을 통해서 뉴스를 다룹니다. 게이트키핑은 '문지기'라는 말입니다. 날마다 엄청난 뉴스가 쏟아지지만 언론에서 다뤄지거나 주요 뉴스로 취급되는 것은 지극히 일부입니다. 수많은 뉴스 중에서 각 언론사가 신문과 방송에서 다루기로 결정한 뉴스만이 실제로 우리들에게 전달되니까요. 그렇다면 언론사는 수많은 뉴스 중에서 어떤 과정을 거쳐 직접 보도할 뉴스를 골라낼까요?

언론의 힘, '게이트키핑'과 '의제 설정'

저녁 밥상에 올라온 고등어조림이 어떻게 만들어지는지 생각해 봅시다. 바다에서 그물로 고등어 떼를 잡은 어부, 어시장에서 고등어를 판매하는 도매상인, 동네 생선 가게 주인, 엄마의 장바구니에 이르기까지 고등어라는 요리 재료는 누군가에 의해 계속 선택되고 다듬어집니다. 요리에 들어가는 무나 양파도 마찬가지입니다. 자연의 재료가 식탁의 반찬이 되기까지 여러 단계를 거치면서 누군가의 손길에 의해 선택되고 다듬어지는 것처럼, 뉴스도 이와 비슷합니다. 여러 단계를 거치면서 보도할 뉴스가 선택되고 걸러지고 다듬어지는 과정을 바로 '게이트키핑'이라고 합니다. 각 단계를 거치면서 보도할 기사들이 점점 추려지고 기사 내용의 사실 여부를 확인합니다. 또한 각 언론사의 편집 방침과 보도 스타일에 맞는 형태로 기사가 작성되지요. 구체적으로는 취재 기자, 취재 팀장, 부장, 편집국장, 편집인 등에 이르는 계단식 단계를 거칩니다. 우리가 만나는 뉴스는 가장 중요한 뉴스가 자연스럽게 우리에게 전달되는 것처럼 보이지만, 실제로는 언론사에서 여러 단계를 거치면서 선택되고 다듬어진 결과입니다.

언론은 우리 사회에 무엇이 중요한지를 결정해 공동체의 논의 주제를 만듭니다. '의제 설정' 또는 '어젠다 세팅(agenda setting)'이라고 합니다. 대통령이나 국회의원 선거를 앞두고, 언론사가 "경제가 어려운 만큼, 이번 선거에서는 무엇보다 경제성장을 이끌어 낼 수 있는 후보를 선택해야 한다"라고 주장하면 선거에서 후보의 경제 정책 공약이 중요한 의제가 됩니다. 또는 "현재 사회 전반에 부정부패로 인한 폐해가 심각한 만큼, 대통령 후보는 청렴해야 한다"라고 의제를 설정하고 집중 보도하면, 후보들의 청렴함이 주요한 기준이 됩니다. 이렇듯 언론사가 보도를 통해 사회적 의제를 만들어 내고 여론을 형성하는 것을 언론의 '의제 설정' 기능이라고 합니다.

현대 사회에서는 날마다 방대한 양의 정보와 뉴스가 끊임없이 생겨납니다. 하지만 종일 쉬지 않고 뉴스만 보거나, 그걸 다 기억할 수 있는 사람은 없겠지요. 우리가 뉴스에 주의력과 관심을 기울일 수 있는 시간과 에너지는 제한되어 있습니다. 언론은 이러한 인간의 인지능력이 지니고 있는 한계를 고려해, 적절한 분량과 흥미로운 형태로 뉴스를 만들어 우리에게 제공하는 역할을 합니다. 20세기에 활동한 미국의 언론인 월터 리프먼은 "언론은 사회에서 서치라이트(탐조등) 기능을 한다"라고 말합니다. 언론이 세상의 모든 것이 아닌 일부를 비춘다는 뜻인데요. 대중들은 언론이 다루는 세상만을 바라볼 수 있다는 말이기도 합니다.

한편 언론의 다양한 기능과 강력한 효과는 이를 활용하거나 규제하려는 움직임으로도 나타났습니다. 앞서 설명한 것처럼 공산주의 사회나 독재자들은 언론을 선전과 선동의 수단으로 활용하거나 통제하는 길로 들어서기도 했습니다. 민주주의 사회에서는 사회적 논의를 거쳐 미디어를 합리적으로 규제해야 한다는 주장이 제기되었습니다. 텔레비전에서 술이나 담배 광고를 하지 못하게 하거나, 폭력적이거나 선정적 장면을 방송하지 못하도록 말이지요. 과거에는 방송이나 신문에서 아무런 제한 없이 광고를 실어 문제가 되기도 했는데요. 1950년대 미국 신문에는 아기가 등장해서 "엄마, 나를 혼내기 전에 담배를 한 대 피우는 게 어때요?"라고 얘기하는 담배 광고도 실렸지요. 아기에게 콜라나 사이다 같은 탄산음료를 권하는 광고도 흔했습니다. 하지만 소비자들이 까다로워지고 지식이 늘어나면서 해로운 광고에 대한 규제도 강화됐습니다.

이러한 규제는 같은 내용일지라도 신문이나 방송 등 매체에 따라 다르게 나타나기도 합니다. 신문은 원하는 사람이 사서 보지만, 방송은 선택하지 않아도 전파를 통해 모든 가정에 도달하기 때문에

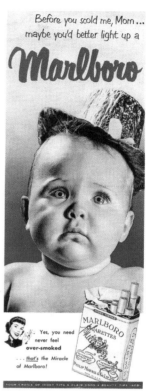

말보로 담배는 카우보이 광고로 유명하지만, 1950년대만 해도 말보로의 주된 마케팅 대상은 여성 흡연자였다. 립스틱 자국이 남지 않도록 필터 부분을 붉은색으로 처리한 담배를 선보였고, 위 광고처럼 아기를 등장시켜 엄마에게 담배를 권하는 마케팅을 했다.

남녀노소 모든 연령이 시청하게 됩니다. 방송의 영향력은 보다 광범위하다고 할 수 있기 때문에 신문에 적용되지 않는 다양한 규제와 기준이 방송에 요구되기도 합니다.

　언론은 정보 전달이나 오락 제공을 넘어서 수많은 사람에게 다양하고 커다란 영향을 끼칩니다. 특종 기사와 탐사 보도는 사람들의 생각과 사회의 해묵은 비리 혹은 잘못된 관행을 바로잡는 데 중요한 역할을 합니다. 미디어에서 방송 프로그램을 만들거나 기사를 취재하는 일은 사람들의 마음을 움직이고, 세상을 바꾸는 일이기도 합니다. 기자나 프로듀서를 꿈꾸는 사람들은 자신의 힘으로 세상을 바꾸고자 언론사 취업을 준비하기도 합니다. 세상에 알려지지 않은 진실을 취재하고 발굴하여 널리 알리고, 그 때문에 더 나은 세상이 된다면 참으로 멋진 일이 아닐까요.

3장

언론이 갖는
권한과 책임

1. 언론의 자유가 중요하다고?

나는 주저하지 않고 신문 없는 정부보다 정부 없는 신문을 택하겠다.

1776년에 발표된 미국 〈독립선언문〉 작성자이자 미국의 3대 대통령을 지낸 토머스 제퍼슨이 남긴 유명한 말입니다. 토머스 제퍼슨은 미국의 초대 대통령인 조지 워싱턴과 함께 미국의 독립운동을 이끌고 나라의 기틀을 설계한 '미국 건국의 아버지'로 불리는 정치인입니다. 그런데 그가 정부는 없어도 괜찮지만 신문은 없으면 안 된다며 차라리 '정부 없는 신문'을 택하겠다고 말한 까닭은 무엇일까요? 우리는 제퍼슨의 발언을 통해 당시 18세기 신문의 역할과 미국 건국의 특성을 유추해 볼 수 있습니다.

언론 없는 정부는 어떨까

　미국은 유럽의 여러 나라에서 대서양을 건너 북아메리카 대륙으로 이주해 온 사람들이 세운 나라입니다. 처음으로 미국에 정착한 사람들은 종교와 사상의 자유를 찾아서, 또는 부자가 되려고 살던 나라를 떠나온 사람들이었습니다. 1776년 13개 주의 식민지 대표들은 〈독립선언문〉을 발표하고 영국의 식민 통치에서 벗어나기 위해 독립 전쟁을 벌입니다. 마침내 영국으로부터 독립한 시민들은 새로운 국가 건설에 나서는데, 그때까지 왕과 귀족들이 다스리던 유럽의 나라들과는 다른 국가를 만들고자 했습니다. 역사상 처음으로 시민이 나라의 주인이 되어 스스로 통치하는, 민주주의 국가를 건설하기로 한 것이지요.

　시민이 직접 나라를 다스리는 데 필요한 것은 무엇일까요? 통치라는 것은 공동체에 필요한 중요한 일을 결정하고 수많은 일들의 우선순위를 정하는 일입니다. 세금 징수나 국방, 교육 문제 또는 도로와 다리 건설처럼 모두에게 영향을 끼치는 중대한 일을 어떻게 처리할지 결정하는 일이지요. 핵폐기물 처리장을 지어야 하는데 모든 지역에서 우리 마을에는 절대 못 짓는다고 반대하는 경우처럼 복잡한 이해관계도 조정해야 합니다. 이처럼 공동체의 중요한 일을 시민이 직접 결정하려면 어떤 능력이 필요할까요? 무엇보다 공동체에서 무슨 일이 일어나는지, 그리고 그 일들이 어떻게 처리되고 있는지를 잘 알아야 하지 않을까요? 세상일에 충분한 지식을 갖고 있어야 의견을 주고받을 수도 있고, 투표를 통해서 현명한 결정을 내릴 수도 있겠지요. 민주주의 사회는 시민이 결정하고 다스리는 사회인 만큼, 시민의 지식과 교양 수준이 무엇보다 중요합니다. 교양 있는 시민 없이 좋은 민주주의는 불가능하니까요.

그렇다면 교양 있는 시민은 어떻게 길러질까요? 일차적으로는 교육을 통해서입니다. 학교는 사회생활에 필요한 교양을 배우는 곳입니다. 학교를 졸업한 뒤에는 어떻게 해야 할까요? 성인이 된 뒤에도 그때그때 사회생활에 필요한 최신 정보와 지식을 알아야 현명하게 판단하고 선택할 수 있겠지요. 바로 미디어가 현재와 미래에 나와 공동체에 중요한 정보가 무엇인지를 알려 줍니다. 의무교육을 마치고 사회생활을 하는 성인에게 필요한 지식과 정보를 제공하는 역할은 학교가 아닌 미디어가 수행합니다. 요즘은 신문, 방송, 인터넷, 스마트폰 등 뉴스와 정보를 이용할 수 있는 미디어 매체가 다양하지만, 약 100년 전만 해도 신문이 유일했습니다.

언론을 뜻하는 '프레스(press)'라는 단어는 원래 신문을 가리키는 말이었습니다. 신문을 윤전기로 눌러 인쇄한다고 해서 생겨난 말이지요. 제퍼슨이 살던 18세기에는 언론이 신문뿐이어서 그렇게 표현했을 뿐, 그가 전하고자 하는 뜻은 '언론 없는 정부보다는 정부 없는 언론이 더 낫다'고 보는 것이 맞습니다. 그는 언론이 허용되지 않는 세상은 끔찍하다는 이야기를 하고 싶었던 것이지요.

윤전기는 회전하는 원통 사이로 종이를 끼워 인쇄하는 방식의 기계를 말한다. 사진은 러시아에서
발행되는 일간지 <프라우다>를 찍는 윤전기의 모습. 긴 벨트를 타고 신문이 쏟아져 나온다.

   '언론 없는 정부'는 어떤 정부일까요? 말 그대로 신문이나 방송이
없는 정부를 뜻할까요? 아닙니다. 언론의 자유가 허용되지 않는 국
가를 말합니다. 예를 들면 북한과 같은 전체주의 독재국가가 제퍼
슨이 말하는 '신문 없는 정부'입니다. 물론 북한에도 <로동신문>과

조선중앙TV를 비롯해 여러 종류의 신문과 방송이 있습니다. 하지만 자유롭게 취재하고 보도하거나 논평할 수 없습니다. 독재 정권의 입장을 일방적으로 전달하는 확성기와 같은 도구일 따름이지요. 언론의 자유가 없으면 말하고 싶어도 말할 수 없습니다. 하고 싶은 말을 못하면 어떻게 될까요? 갈대숲에서 "임금님 귀는 당나귀 귀" 하고 외친 뒤에야 비로소 속이 후련해진 왕궁의 이발사처럼 마음이 답답해져 병이 나고 말 것입니다.

사람은 누구나 자기 생각을 표현하고 싶은 본능이 있습니다. 내 마음과 생각을 표현할 수 있어야 우리는 남들과 다른 자신만의 정체성을 확인할 수 있고, 다른 사람과 소통할 수 있습니다. 사회적 존재인 인간은 혼자서 살 수 없으며, 말과 글을 통해 사람들과 소통하며 살아갑니다. 그렇기 때문에 말과 글을 자유롭게 사용할 수 있는 표현의 자유는 인간에게 무엇보다 중요합니다. 개인에게는 표현의 자유가 사회 전체로 볼 때는 언론의 자유라 말할 수 있습니다.

미국을 특별한 나라로 만든 헌법 조항

개인과 사회가 의견을 자유롭게 주고받을 수 없으면 답답하고 속병이 나는 것에 그치지 않습니다. 새로운 정보와 다양한 의견이 자유롭게 제시되지 않으면 개인과 사회는 정체되고 말 것입니다. 언론의 자유는 개인을 존엄하게 만들고 사회가 더 나은 방향으로 발전할 수 있도록 하는 기본적인 장치입니다. 제퍼슨이 '정부 없는 신문'을 통해 언론의 자유를 강조한 이유는 인간이 자유롭게 생각을 펼칠 수 있어야 자신과 사회의 행복과 발전을 추구할 수 있다는 생각 때문이었습니다.

제퍼슨이 살던 18세기 북아메리카 대륙으로 돌아가 보지요. 시민들이 영국의 부당한 통치를 더 이상 못 참겠다며 전쟁을 무릅쓰고라도 독립해야 한다고 뜻을 모을 수 있었던 것은 어떻게 가능했을까요? 당시 유럽 각국에서 몰려든 이주민들의 사회였던 영국 식민지가 독립을 선언하고 새로운 국가를 건설하려고 나서게 된 데에는 무엇보다 신문의 역할이 컸습니다. 앞장서서 독립을 주장하는 정치 지도자들이 있었고, 그들의 주장을 자세히 알기 쉽게 많은 사람에게 알려 준 도구가 있었으니 바로 신문이었습니다. 주민들은 신문을 통해 공동체의 중요한 소식을 접할 수 있었고, '타운 홀'이라 불린 마을 회관에 모여 밤늦게까지 토론을 하고 뜻을 모았습니다. 이런 과정이 없었다면 영국 식민지로부터 독립해 새로운 국가를 건설하자는 시민들의 의견이 만들어질 수 없었겠지요. 신문이 정보와 뉴스를 전달해 주지 않았다면 불가능한 일이었습니다. 프랑스의 정치학자 알렉시스 드 토크빌은 1831년에 건국된 지 얼마 되지 않은 미국을 방문한 뒤 《미국의 민주주의》라는 책을 펴내 미국 민주주의를 높이 평가합니다. 토크빌은 미국 민주주의의 중요한 특징으로 신문과 시민들의 활발한 토론을 꼽으며, 미국을 한데 뭉치도록 만드는 힘이 신문에 있다고 말했습니다. 우리나라에서도 구한말에 미국에서 의학박사가 되어 귀국한 독립운동가 서재필이 가장 먼저 시작한 일도 다름 아닌 최초의 순 한글 신문인 〈독립신문〉 창간이었습니다.

시민이 스스로 설립한 나라인 미국은 언론의 자유를 중요하게 여깁니다. 그러나 미국에서 언론의 자유는 제퍼슨과 같은 이들의 말이나 영향력으로 지켜지는 것이 아닙니다. 미국은 언론의 자유를 헌법 조항을 통해 확고히 보장하고 있습니다. 미국 헌법은 1788년에 비준되었고, 1791년에 초대 국회에서 '권리장전'으로 불리는 10개의 수정 조항이 헌법에 추가되었습니다. 가장 먼저 추가된 것이 수정 헌법 제1조인데, 종교와 언론, 출판의 자유와 집회 및 청원권에 대한 내용을 담고 있습니다. 다른 나라 헌법에도 종교와 집회의 자유는 비슷하게 명시되어 있지만 미국 헌법에는 언론의 자유에 관한 조항이 눈에 띕니다. 바로 "의회는 언론의 자유를 제한하는 어떠한 법률도 제정할 수 없다"라는 부분이지요. 미국 헌법에만 있는 수정 헌법 제1조의 언론의 자유는 미국 헌법에서도 중요하게 여겨집니다. 미국이라는 나라가 현재의 모습으로 만들어지는 데 결정적 역할을 한 헌법 조항이기 때문이지요. 이 조항은 개인이 말과 글로 자기 생각을 표현하는 영역뿐 아니라 미디어를 통해 널리 알리는 조직적인 활동을 모두 보호하는 표현의 자유를 보장한다고 할 수

1896년에 창간된 우리나라 최초의 민영 일간지 〈독립신문〉 초판. 갑신정변 실패가 여론의 부재 때문이라고 여긴 서재필은 대중 매체의 필요성을 절감하여 유길준과 함께 새로운 신문을 창간하였다.

있습니다. 우리나라 헌법 제21조 1항에도 "모든 국민은 언론·출판의 자유와 집회·결사의 자유를 가진다"라고 명시되어 있지만, 미국 헌법과는 차이가 있습니다. 우리나라 헌법은 언론의 자유를 제한하는 법을 만들 수 없다는 구절 대신 언론의 책임을 강조합니다. 헌법 제21조 4항에는 "언론·출판은 타인의 명예나 권리 또는 공중도덕이나 사회윤리를 침해하여서는 아니된다"라고 적혀 있습니다.

언론의 자유에 관대한 미국

　다른 나라에서는 금지되는 발언이나 의사 표현 행위도 미국에서는 웬만하면 허용됩니다. 물론 언론의 자유에 관대하다 보니 부작용도 있습니다. 미국에서는 히틀러와 같은 대량 학살자를 찬양하는 사람이나 KKK단과 같은 백인 우월주의 단체가 기승을 부리고 있으며, 미국이 싫다며 국기인 성조기를 공개적으로 불태우는 일도 일어납니다. 이런 극단적인 주장이나 과격한 표현 행위가 사회적으로 용인되어서는 안 된다며 재판이 열릴 때마다 미국 법원은 항상 일관된 판결을 내렸습니다. 수정 헌법 제1조가 보장하는 언론의 자유를 침해할 수 없기에 이러한 의사 표현도 허용해야 된다는 판결이지요. 왜 미국에서는 과격한 표현이나 막무가내 주장도 보호받아야 할 '언론의 자유'라고 여기게 된 것일까요?

　미국 건국 당시 헌법을 제정하는 데 참여한 '건국의 아버지들'은 영국의 자유주의 사상가인 존 밀턴과 존 스튜어트 밀이 주장한 사상과 표현의 자유에 깊이 공감하며 언론의 자유에 대한 신념을 공유했습니다. 진리를 발견하기 위해서는 누구나 다양한 생각과 의견을 자유롭게 펼칠 수 있어야 한다는 것이 밀턴과 밀의 생각이었습니다. 특히 다수의 생각이 언제나 진리라고 보장할 수 없기에 그와 다른 소수의 생각도 자유롭게 표현되어야 진리에 다가갈 수 있다고 강조하였지요.

《실낙원》의 작가인 밀턴은 아내와 이혼을 하려고 했으나 당시 영국에서는 이혼이 금지되어 있었습니다. 그는 국가가 이혼을 금지하는 법적 제약을 완화해야 한다는 글을 써서 출판했습니다. 그런데 당시에는 출판물조차 국가의 허가를 받아야 했습니다. 허가 없이 출판을 한 죄로 밀턴은 처벌을 받게 됩니다. 그러자 밀턴은 작정하고 《아레오파지티카》라는 책을 써서 출판을 사전에 검열하고 허가하는 제도 자체가 부당하다고 주장합니다. 이 책에서 밀턴은 거짓과 진실이 서로 충돌하여 싸우다 보면 결국 진실이 이길 것이라며 검열 없는 자유로운 출판을 요구했지요.

《자유론》을 쓴 밀은 밀턴의 주장에서 한발 더 나아갔습니다. 옳지 않은 것처럼 보이는 소수의 의견일지라도 억압하지 말아야 한다고 말이지요. 비록 한 사람이 다른 모든 사람과 다른 의견을 갖고 있을지라도 그 한 사람의 의견이 진실을 담고 있을 수 있다면 무시할 수 없다는 말인데요. 당장에는 진리가 아닌 것처럼 보여도 그 주장이 나중에 진실로 밝혀질 수 있기 때문에 현재의 기준만으로 모든 것을 판단해서는 안 된다고 생각했습니다.

그렇다면 미국의 건국 지도자들은 언론의 자유가 제한 없이 보장되어야 한다는 믿음을 어떻게 품게 되었을까요? 여기에는 역사적 배경이 있습니다. 미국은 왕과 귀족, 교회의 권력이 지배하던 유럽을 떠나온 사람들이 세운 나라입니다. 종교와 사상의 자유가 제한된 나라를 떠나 자유를 찾아 모인 사람들 말입니다. 이들은 무엇보다 인간의 이성을 신뢰하였습니다. 다양한 주장과 의견이 경쟁하도록 내버려 두면 진실이 저절로 드러날 것이라고 믿었지요. 시장에서 상품이 자유롭게 경쟁하도록 허용하면 가장 좋은 상품이 소비자들의 선택을 받는 것과 마찬가지로요. '사상의 자유로운 시장'을 위해서는 언론의 자유가 필요하다고 생각한 것입니다.

제퍼슨은 '정부 없는 신문'이라는 표현을 통해 모든 사람이 신문을 받아 보고 읽을 능력이 있어야 함을 강조하였습니다. 절대적인 언론의 자유가 아니라 모든 사람이 언론에 접할 수 있어야 하고, 언론에 실린 내용을 제대로 이해할 수 있는 능력을 갖춰야 한다고 말이지요. 이를 바로 미디어 리터러시(media literacy, 미디어 문해력)라고 합니다. 초등학생이 글을 읽을 줄 안다고 해서 신문의 경제면 기사를 제대로 읽어 내기란 어렵겠지요. 이처럼 미디어를 제대로 활용하려면 미디어 접근권과 더불어 미디어 리터러시 능력이 필요합니다. 이에 대해서는 7장에서 보다 자세히 설명하도록 하겠습니다.

사전 검열과 위축 효과

밀턴이 출판물의 사전 검열에 반대한 것은 언론 자유의 뿌리가 되는 중요한 정신입니다. 검열이란 국가나 공공단체의 공권력이 언론, 출판, 예술 등에 대한 표현물을 사전에 살펴서 기준에 적합한 경우에만 유통할 수 있도록 허가하는 것을 말합니다. 지금처럼 언론이나 출판의 자유가 확립되기 전에는 많은 나라에서 검열을 실시했습니다. 종교와 왕권의 권위가 절대적이던 시기는 말할 것도 없고, 근대 이후에도 권위적인 정부나 군사정부에서 원하지 않는 내용이 출판물 형태로 유포되는 것이 두려워 사전에 검열해 왔지요.

일반적으로 검열은 사회 혼란 방지, 고유문화 수호, 유언비어 차단, 어린이와 청소년 같은 약자 보호 등을 내걸고 비도덕적인 정보로부터 사회의 안녕과 질서를 지킨다는 명분으로 시행됩니다. 그러나 검열의 목적은 정권을 겨냥한 비판적인 내용이 언론과 책으로 유통되지 못하게 하여 자유로운 비판을 막는다는 데 있습니다. 우리나라에서도 군사 쿠데타로 집권한 박정희 정권은 언론을 통제하고 출판물에 대하여 사전 검열을 시행했습니다. 자신들의 입맛에 맞지 않는 책은 발행할 수 없도록 했고, 대중가요의 노랫말도 마음에 들지 않으면 금지곡으로 지정해 노래할 수 없도록 했습니다. 자유로운 뉴스와 정보 유통을 차단하는 검열 제도가 정권도, 사회도 안전하게 보호하지 못했음은 박정희 정권의 비극적 붕괴가 말해 줍니다. 그렇다면 검열은 단순히 정권에 대한 비판을 차단하는 것에만 그칠까요? 겉으로는 그렇지만 검열에는 이보다 중요한 효과가 따로 있습니다.

바로 '위축 효과'입니다. 독재 정권이 검열하려는 것은 인간의 모든 정신 활동의 결과물입니다. 이는 부당한 권력자가 자신이 원하

지 않는 생각과 표현을 힘으로 눌러 세상에 나오지 못하게 하겠다는 것이지요. 글을 쓰고 음악을 만드는 등의 창작 활동은 오랜 기간 생각을 가다듬고 숙성시킨 뒤에야 비로소 작품으로 드러내 보일 수 있습니다. 이러한 과정을 거쳐서 만든 글이나 예술 작품이 검열이라는 이름으로 정당한 이유 없이 폐기될 때, 창작자의 상실감과 고통은 이루 말할 수 없겠지요. 단순히 책이나 작품 하나가 세상에서 빛을 보지 못하는 것이 아니라 자신이 쏟은 정성과 시간 모두를 부정당하는 심정일 테니까요. 이처럼 창작자가 자신의 사유와 노력이 권력에 의해 쉽게 부정당하는 경험을 하면, 그는 자신이 하는 일이 무의미하다고 여길 것입니다. 그럴 때 창작자는 검열에 걸리지 않기 위해서라도 권력의 입맛에 맞게 창작하려고 고민하게 됩니다.

만약 검열을 의식해 작품 활동을 하게 되면 어떤 결과가 나타날까요? 자유로운 생각과 상상력이 작동하지 않게 됩니다. 창작자가 스스로 검열을 피하려 움츠러드는 효과가 바로 '위축 효과'인데, 검열의 진짜 폐해는 특정한 내용을 차단하는 것보다 창작자의 정신을 위축시켜 상상력과 자유로운 사고를 막는다는 데 있습니다. 검열은 사람의 정신을 억압해 행복을 앗아 가는 잔인한 일입니다. 사회적으로는 새로운 지식과 관점이 출현하지 못하도록 하여 발전을 방해하는 어리석은 일이지요. 박근혜 정부의 문화예술계 블랙리스트 실체가 드러나자 법원은 엄중한 책임을 물어 유죄 판결을 내렸습니다.

진실은 첫눈에 명확히 드러날까요? 17세기 이탈리아의 천문학자 갈릴레이의 이야기는 그렇지 않음을 보여 줍니다. 갈릴레이는 지동설을 주장하며 근대 과학의 길을 개척한 과학자로 알려져 있지요. 하지만 그는 자신이 발견한 지식과 이론을 부인해야 했습니다. 천동설을 신봉하던 가톨릭교회로부터 종교재판을 받으면서 자신의 지동설을 부인한 뒤 "그래도 지구는 돈다"라고 말했다는 일화가 전해지지요. 세월이 흘러 천동설이 틀렸다는 과학적 증거가 하나둘 발견되자 교회와 지식인들은 비로소 지동설을 받아들이기 시작했습니다. 진실과 진리는 결코 다수결로 결정되는 것도 아니고, 진실과 거짓이 바로 가려지는 것도 아님을 알려 주는 사례입니다.

몇 년 전 우리나라에도 수백 명의 목숨을 앗아 간 가습기 살균제 사건이 있었지요. 가습기 살균제가 개발되어 판매될 때는 가습기 사용으로 인한 세균 오염을 방지하는 기술로 소개됐습니다. 언론도 그렇게 보도했고요. 안전성 검사를 담당한 환경보건 당국도 위험성을 전혀 발견하지 못했지요. 원인 모를 폐질환으로 수백 명이 숨지는 비극이 일어난 뒤에야 가습기 살균제에 치명적인 독성 물질이 있다는 사실이 밝혀졌습니다. 이러한 사례 역시 어떤 주장이 참인지 거짓인지는 처음부터 드러나는 것이 아니고 시간이 지난 뒤에야 비로소 드러난다는 것을 알려 줍니다. 우리가 진실이라고 알고 있거나 믿는 것들도 시간이 지나면 뒤바뀔 수 있다고 말이지요.

2. 제4부로서의
언론

 민주주의 사회는 국가권력이 입법부, 행정부, 사법부로 나뉘어 있습니다. '3권 분립'이라고 말하지요. 세 권력기관 중 입법부와 행정부는 국민이 선거를 통해 대통령이나 국회의원을 뽑는 방식으로 구성됩니다. 사법부는 국회와 행정부가 대법원장이나 헌법재판소장을 추천하므로 국민들이 선거에서 보여 준 의사가 간접적으로 반영되는 구조입니다. 국가권력을 세 곳으로 분리한 까닭은 각각 다른 기능을 하는 국가권력이 서로 견제하고 감시하면서 특정인이나 집단이 지나치게 큰 힘을 갖지 못하게 하기 위해서입니다. 민주주의가 견제와 균형의 원리로 운영되기 때문입니다.

언론의 임무는 권력 감시

흔히 언론을 민주주의 체제를 구성하는 '제4부'라고 말합니다. 헌법이나 법규에 근거는 없지만 언론이 국가 운영에서 발휘하는 힘과 영향력의 막강함 때문에 생겨난 상징적인 표현입니다. 언론은 다른 권력기관처럼 국민이 직접 선출하거나 정해진 위임 절차를 거쳐 권력을 부여받지는 않습니다. 사기업인 언론사가 취재와 보도 활동을 통해 행사하는 영향력은 법과 절차에 따라 공식적으로 부여된 것은 아니지만, 그 영향력은 헌법에 따른 세 권력기관의 힘에 비해 결코 작지 않습니다. 언론 보도로 장관이나 총리가 물러나고, 큰 기업이 망하거나 흥하는 일도 있으니까요.

2016년에는 박근혜 대통령이 비선 실세 최순실 씨가 국정을 주무르도록 방치한 일이 드러나 대통령직에서 탄핵되는 일이 발생했지요. 대통령 탄핵에는 〈한겨레〉, JTBC 등 언론 보도가 중요한 역할을 했습니다. 언론은 비선 실세의 국정 농단에 감춰진 사실을 취재하고 밝혀내어 보도하였습니다. 그리고 이 사실을 알고 분노한 수백만 명의 시민들은 촛불을 들고 광화문 광장으로 몰려들었습니다. 결국 언론 보도가 국가 최고 권력인 대통령을 몰아내는 결정적 역할을 한 셈이지요. 공식적인 권력기관으로 선출되지도 않은 언론이 이렇게 큰 힘을 가지게 된 이유는 무엇일까요?

흔히 언론을 '선출되지 않은 권력'이라고 말합니다. 국가의 공식적인 권력기관은 아니지만 권력만큼 큰 영향력을 발휘하기 때문입니다. 언론의 영향력은 법률이나 선거를 통해서 부여받는 것이 아닙니다. 언론이 전달하는 사실과 정보에서 생겨나는 것이지요. 언론이 무조건 영향력과 권력을 갖는 것도 아닙니다. 언론이 전달하는 수많은 뉴스가 반드시 큰 영향력으로 이어지는 것은 아니니까요. 그런데 뉴스 중에서 특별히 큰 영향력을 발휘하는 것이 있습니다. 감춰져 있던 중요한 사안을 비로소 명료하게 드러내는 뉴스입니다. 뉴스가 사람들을 분노하게 하거나 공감하게 만들어 많은 사람이 생각과 행동을 바꾸도록 만드는 경우이지요. 사람은 새롭고 중요한 정보라고 판단하면 자신의 태도와 행동을 바꿉니다. 언론이 갖는 힘은 개인과 사회에 중요한 정보를 제공해 스스로 생각과 행동을 바꾸도록 할 수 있다는 점에서 생겨납니다.

언론이 제4부로 불리는 까닭은 그 영향력보다 권력 감시 기능 때문입니다. 언론은 입법, 행정, 사법의 세 국가권력이 제 역할을 하고 있는지 감시하는 역할을 합니다. 실제로 국가 기관에서 중대한 비리가 저질러지고 있는데 국회가 이를 처벌할 수 있는 법을 만들지 않거나 법원에서 제대로 판결하지 않는다면 어떻게 될까요? 누군가 자신이 가진 권력을 마음대로 휘두르는 불공정한 세상이 되겠지요. 박근혜 대통령의 국정 농단 사태가 대표적인 사례입니다. 국회나 사법 기관에서조차 최고 권력인 대통령을 제대로 감시하거나 견제하지 못했는데, 언론의 보도 덕분에 실체가 드러나고 비로소 민주주의 사회의 질서가 바로 설 수 있게 되었지요.

　민주주의는 국민이 주인인 정치체제입니다. 우리나라 헌법 제1조
는 "대한민국은 민주공화국이다. 대한민국의 주권은 국민에게 있
고, 모든 권력은 국민으로부터 나온다"라고 명시하고 있습니다. 하
지만 국민이 모든 일을 직접 결정하고 통치할 수 없으니 국회의원,

정치인, 공무원 등에게 권력을 위임합니다. 그런데 공무원이나 공공기관이 국민으로부터 위임받은 권력을 제대로 행사하는지를 모든 국민이 일일이 감시할 수는 없겠지요. 언론이 바로 이러한 역할을 대신합니다. 언론이 국민의 눈과 귀를 대신하여 국가권력을 감시하는 제 역할을 다하면 그 나라의 정치와 사회는 더욱 투명해질 것입니다.

언론에 주어진 특권

'국경 없는 기자회', '프리덤 하우스' 등의 국제 인권단체는 해마다 나라별 언론 자유도를 발표합니다. 이 조사에서는 핀란드, 노르웨이, 네덜란드, 덴마크, 스웨덴 등의 북유럽 나라들이 언론 자유도가 높은 것으로 나타납니다. 그런데 이들 나라는 하나같이 선진국이라 불리고 부정부패가 적은 투명한 사회라는 공통점이 있습니다. 언론이 감시자 노릇을 잘하고 있다는 의미겠지요.

미국의 수정 헌법 제1조에서 강조한 언론과 표현의 자유는 양심과 사상의 자유와도 직결됩니다. 언론의 자유는 개인에게도 중요하지만 사회적 차원에서도 매우 중요하고 유용합니다. 언론이 외부 압력으로부터 자유로워야 국가권력 기관과 권력자를 제대로 감시할 수 있기 때문이지요. 그래서 언론에는 공적 역할을 수행할 수 있는 특별한 권한과 지위가 제도적으로 주어집니다. 언론이 사회와 권력의 감시자 노릇을 할 수 있도록 해서 사회를 건강하게 유지하고자 하는 것입니다. '공적(public)'이란 말은 개인의 일이 아닌 공공의 관심사에 관련된 일을 말합니다. 언론이 사회적으로 특별한 권리와 지위를 누리는 것은 공공의 관심사를 다루기 때문입니다.

모든 사람들이 각자의 일에만 관심을 쏟으며 공동체에 관련된 일에 무관심하다면 그 사회는 제대로 유지될 수 없습니다. 공동체는 공공의 일에 관심과 의견을 지닌 사람들이 있을 때 제대로 굴러갈 수 있지요. 직접 민주주의를 실현한 고대 그리스에서는 공동체의 일에 관심이 없는 사람을 '바보, 천치'라고 불렀다고 합니다. 바보, 멍청이를 뜻하는 영어 '이디어트(idiot)'의 어원은 그리스어 '이디오테스(idiotes)'라고 합니다. '이디오테스'는 '공적인 일에는 관심 없이 오로지 사적인 일만 신경 쓰는 사람'을 뜻합니다. 고대 아테네의 정치가 페리클레스는 "아테네에서 정치에 무관심한 사람은 시민으로서 쓸모없는 인간으로 여겨진다"라고 연설하기도 했지요.

사람들이 공동체에 관심을 가지려면 내가 속한 공동체에서 무슨 일이 일어나는지, 그리고 그 의미가 무엇인지를 알아야 합니다. 공익과 관련된 뉴스를 보도하는 이러한 언론의 역할을 '환경 감시' 기능이라고 합니다. 언론이 맡고 있는 중요한 사회적 역할입니다. 여기서 '환경'은 '환경 보호'처럼 생태적 의미의 환경이라기보다 우리를 둘러싼 모든 여건을 의미하는 '사회 환경'을 뜻합니다. 이렇듯 사회는 언론에 사회적 감시를 맡기고 그 역할을 수행할 수 있도록 언론에 남다른 자유와 특권을 부여했지요.

수행하는 역할의 특성상 언론에는 특권이 따릅니다. 폭넓은 자유를 누립니다. 보도한 기사 내용에 부분적으로 오류가 있거나 일부가 정확하지 않아도 크게 어긋나지 않는다면 처벌받거나 책임을 추궁당하지 않는 것이 일반적이지요. 기자는 대통령부터 노숙자까지 누구든지 만나서 무엇이든 질문할 수 있습니다. 기자는 모든 국민이 만나고 싶어 하는 유명인을 쉽게 만날 수 있는 직업입니다. 대통령이나 장관 같은 고위 공직자들은 정기적으로 기자들 앞에 나와 인터뷰를 하거나 만나서 이야기를 나누는 것이 업무의 일부입니다. 국회의원과 정치인을 만나 정치 현안에 대해서 이야기하기도 합니다. 기자와 언론사는 새로운 정보를 취재하는 직업 특성상 누구보다 먼저 중요한 정보를 알게 됩니다. 신상품이 발표되거나 지하철 노선이 개통되면 기자 간담회를 엽니다. 기자는 우리 사회에서 누구보다 다양한 경험을 할 수 있는 직업이고, 실제로 그런 기회가 계속 주어집니다. 날마다 경험하는 것이나 만나는 사람을 놓고 보면 기자는 특권을 누리는 직업이라고 볼 수 있습니다.

언론과 기자에게 이런 특권이 주어지는 이유는 무엇일까요? 언론이 국민들에게 공동체 생활에 필요한 정보를 제공하고 권력을 감시하는 제4부의 역할을 수행하기 때문입니다. 국민의 눈과 귀와 입이 되어 보고 듣고 전달하는 일을 하지요. 모든 사람이 대통령이나 국회의원을 만나 이야기를 나눌 수는 없으니까요. 정치인들 역시 모든 유권자를 만날 수 없습니다. 인기 스타도 세계 곳곳에 있는 팬을 모두 만날 수 없습니다. 언론이 중간에서 역할을 하는 덕분에 국민들은 기자들이 취재한 뉴스를 보고 정치인이나 예술가의 말과 생각을 자세히 알 수 있습니다. 마찬가지로 대통령이나 국회의원도 언론을 통해 자신의 정책에 대해 국민과 전문가가 어떻게 생각하는지를 파악할 수 있습니다. 언론이 국민의 알 권리를 대신해 수행하는 덕분에 가능한 일이지요. 언론이 다른 기업들처럼 상품과 서비스를 팔아 고객에게 만족을 주는 것과 다른 가치를 제공하기 때문에 주어지는 특권입니다.

선출되지 않은 '밤의 대통령'

언론과 기자의 특권은 언론이 공적 역할을 수행하기 때문에 주어지는 것입니다. 그런데 언론사나 기자가 특권을 이용해 사익을 추구하려고 하면 문제가 됩니다. 옛말에 '견리사의(見利思義)'라고 했지요. 눈앞에 이익이 보이면 그 이익이 옳은 것인지를 먼저 생각해야 한다는 말입니다. 이 말은 이익이나 특권이 있는 곳에는 항상 옳지 않은 것이 도사리고 있다는 것을 알려 줍니다. 언론의 특권을 사익에 사용하는 경우가 그렇겠지요. 남들보다 먼저 알게 된 정보를 이용해 경제적 이익을 추구하거나, 취재하면서 정치인이나 고위층과 쌓은 친분을 이용해 청탁을 하는 사례도 있습니다. 그중에서도 언론사 소유주나 간부가 정치권이나 경제계에 대한 영향력을 이용해 사익을 추구하는 행위는 심각한 문제입니다. 재벌들이 자본을 출자하여 만든 경제 신문은 노골적으로 재벌의 특권을 옹호하는 기사를 싣습니다. 노동 조건이나 임금 인상 등을 놓고 노동자와 경영자 간에 다툼이 일어나면 거의 예외 없이 노동자를 비난하면서 기업의 이익을 우선해야 한다는 논조를 펼칩니다.

〈조선일보〉는 우리나라에서 가장 많이 팔리는 신문입니다. 많은 사람이 보는 신문이니만큼 여론에 끼치는 영향력도 큽니다. 언론의 특권은 공적 역할에 충실하라고 주어진 것이지요. 그런데 이 신문사의 고위 간부는 대우조선이라는 기업과 결탁해 우호적인 칼럼과 기사를 써 주고 1억 원어치의 금품과 편의를 제공받은 사실이 드러나 처벌받았습니다. 조선일보를 소유한 방씨 일가의 방우영은 오랫동안 조선일보 사장을 지내며 '밤의 대통령'으로 불렸습니다. 국민의 투표로 선출되어 공식적인 권력을 갖는 대통령에 맞대어 부른 표현이지요. 언론은 자신들이 원하는 논조로 기사와 칼럼을 써서 여론을 형성하는 힘을 갖는데, 그 언론사의 사주를 '밤의 대통령'이라고 표현한 것입니다.

지금까지 언론이 선출되지 않은 제4부의 권력으로 불리며 우리 생각과 생활에 어떤 영향을 끼치는지 살펴봤습니다. 언론이 대단한 영향력을 갖게 된 것은 사회가 언론에 정보 제공과 권력 감시라는 중요한 기능을 위임한 데서 비롯되었습니다. 그런데 언론이 사회가 위임한 권력과 기능을 마치 자신의 소유물로 여겨 이를 공익과 무관하게 사용한다면 어떻게 될까요? 도둑을 감시하라고 키운 경비견이 오히려 주인을 향해 성나게 짖거나 공격하는 일처럼 황당하겠지요. 언론이 대단한 힘을 갖고 있다는 것은 부인할 수 없습니다. 그렇다면 공적 감시를 목적으로 주어진 언론의 힘이 제대로 쓰이는지를 감시하는 것 역시 중요한 일이 됩니다. 그렇다면 언론은 누가 어떻게 감시할 수 있을까요? 그것은 언론이 보도한 내용에 대해 왜 그렇게 보도했는지, 기사가 편중된 의도를 갖고 한쪽 편을 드는 것은 아닌지 늘 비판적으로 바라볼 수 있는 현명한 독자와 시민이 있을 때 가능합니다.

4장

기자는
'무관의 제왕'

1. 기자라는
직업의 특성

앞 장에서는 민주주의 사회에서 언론이 얼마나 중요한 역할을 하는지 살펴보았습니다. 언론의 기능과 영향력에 대해 '선출되지 않은 권력' 또는 '제4부'라는 별칭을 부여하였지요. 언론은 특권을 누리는 집단입니다. 그리고 언론에 주어진 특별한 역할과 권한을 수행하는 사람을 언론인이라 부릅니다. 언론이 선출되지 않은 권력이라는 독특한 지위를 갖는 것처럼, 언론인도 여느 기업의 회사원이나 전문직 종사자와는 다른 직업적 특성을 갖고 있습니다. 흔히 언론을 '사회의 목탁'으로, 언론인을 '무관(無冠)의 제왕'이라고 부릅니다. 언론이 사회를 향한 깨우침을 전하는 목탁이라면, 언론인은 높고 낮음을 가리지 않고 모든 권력을 감시하고 비판한다고 하여

'왕관 없는 임금'이라고 말하는 것이지요.

언론인이라고 하면 주로 기자, 프로듀서, 아나운서 등을 떠올리는데, 이 책에서는 신문사나 방송사에서 취재와 보도를 다루는 기자를 중점으로 살펴보도록 할게요. 먼저 기자들이 어떤 일을 하는지 알아봅시다.

다양한 얼굴의 기자

기자는 대형 사건이나 사고가 생기면 이것저것 따지지 않고 일단 현장으로 달려갑니다. 현장을 생생히 전하는 것이 기자의 본업이니까요. 항공기가 추락하거나 배가 침몰하면 구조대와 경찰이 제일 먼저 투입되지만, 동시에 기자들도 현장으로 출발합니다. 2014년 4월 16일 세월호가 진도 앞바다에서 침몰했을 때, 많은 언론사 기자들은 몇 달씩 현장에 머무르며 취재하고 보도하였습니다. 태풍이나 홍수, 지진이나 산사태로 인한 피해 때문에 모든 주민이 현장을 떠나는 상황에서 거꾸로 기자들은 피해 현장을 보도하기 위해 그곳으로 들어갑니다. 태풍의 바람이 얼마나 센지, 물이 얼마나 높이 차올랐는지 생생히 보여 줄 수 있는 곳을 찾아 카메라와 마이크 앞에 섭니다. 설날이나 추석처럼 고속도로 통행량이 많은 날에는 정체가 가장 심한 톨게이트로 나가 길게 늘어선 차량 행렬을 카메라에 담아 전합니다. 대규모 집회나 시위가 열리면 어떤 주장이 오가는지 현장에 나가 보도합니다. 충격적인 범죄나 비참한 사건이 발생해 누구나 현장에 접근하기를 꺼려할지라도 기자는 현장과 가장 가까운 곳으로 달려가는 직업입니다. 노숙자 실태를 취재하려고 노숙자와 함께 생활하기도 합니다. 전쟁이 나면 전투 현장으로 뛰어듭니다. 총 대신 카메라를 든 이런 기자를 종군기자라고 부르는데, 간혹 상대편 군대에 포로로 잡히거나 총에 맞아 숨지는 일도 벌어지지요. 시리아나 아프가니스탄과 같은 분쟁 지역에서 취재 활동을 하다가 숨지는 언론인이 세계적으로 일 년에 평균 100여 명에 이른다고 하니 기자는 힘들고 위험한 직업입니다.

생명의 위협을 무릅쓰고 전장으로 가서 전쟁 상황을 보도하는 종군기자의 모습. 종군기자는 카메라와 펜을 들고 전쟁터에 나선다.

대통령을 취재하는 기자를 대통령 담당기자 또는 청와대 출입기자라고 합니다. 청와대 출입기자는 대통령이 가는 곳곳을 함께 방문해 취재합니다. 대통령이 외교 활동을 위해 해외 순방에 나서면, 대통령 수행단과 함께 대통령 전용기를 타고 현지에 도착해 대통령의 말과 행동을 보도합니다. 월드컵이나 올림픽, 주요 종목의 세계 선수권 대회가 열리면 스포츠 기자는 경기장을 찾아 경기를 보도하고 선수들을 인터뷰합니다. 프랑스 칸 국제영화제나 이탈리아 베니스 국제영화제에 한국 영화가 본선에 진출하면 영화 담당기자는 현장으로 가서 레드 카펫을 밟는 감독과 영화배우를 만나 인터뷰합니다. 해군이나 공군이 최신예 전투기나 구축함을 구입하면, 국방 담당기자는 전투기와 구축함에 탑승해 최신 무기의 성능을 직접 체험하기도 하지요. 경제부 기자는 국내 주요 업체들이 새 자동차 모델이나 최신 스마트폰을 내놓을 때마다 누구보다 먼저 제품을 써 보고 사용기를 보도합니다. 여행 담당기자는 국내는 물론 세계 곳곳의 유명한 여행지를 돌아다니며 그곳의 문화를 전하지요. 음식 담당기자는 이름난 맛집을 찾아 소개하기 위해 직접 음식 맛을 보고 맛을 평가합니다. 문화부 기자는 영화평이나 연주회 기사를 쓰기 위해 따로 마련된 좌석에서 영화와 콘서트를 감상하고 영화감독과 연주자를 만나 인터뷰합니다. 누구나 만나고 싶어 하는 인기 스타와 유명인을 만날 수 있고, 신제품을 제일 먼저 써 보고, 세계 곳곳으로 출장을 다니는 기자들의 생활은 지루할 틈이 없는 화려한 직업입니다.

위험하고 힘든 직업, 흥미진진한 현장을 경험하는 멋진 직업 가운데 어느 쪽이 기자의 진짜 모습일까요? 바로 말씀드리면, 두 가지 모두 기자의 역할이고 일상입니다. 기자라는 직업을 충실히 수행하다 보면 어떨 때는 힘들고 위험해 보이고, 어떤 일은 멋지고 재미있어 보이는 겁니다. 겉으로 보이는 이미지보다는 기자라는 직업이 본래 어떠한 역할을 해야 하는가를 생각해 보면 쉽게 이해할 수 있습니다. 기자들이 만나는 현장은 설령 그것이 화려하고 혹은 힘들어 보여도 사람들이 궁금해하는 뉴스라는 점에서 공통됩니다. 사고 현장에서 취재하는 것이 힘들다고 피해서도 안 되고, 외국 출장이나 인기 스타를 만나는 것이 좋다고 해서 늘 그 일만 계속할 수 있는 것도 아닙니다. 언론은 국민의 알 권리를 충족시키기 위한 도구이고, 기자는 국민의 눈과 귀를 대신하는 직업입니다. 기자의 본업은 자신이 원하는 것을 선택하는 것이 아니라, 사회적으로 중요하고 사람들이 궁금해하는 일을 직접 보고 경험하여 전달하는 것이지요. 독자가 얼마나 궁금해하고 중요하게 받아들일 뉴스인지가 중요할 테고요.

사실 기자는 힘들고 위험한 일을 피하지 않습니다. 취재 과정이 힘들고 어려울수록 보다 중요하고 의미 있는 기사를 쓸 수 있는 기회라 여겨 힘들고 위험한 일을 찾아 나서기도 합니다. 기자들이 가장 신나고 흥분될 때는 자신이 취재한 기사가 세상을 바꾸는 중요

한 뉴스가 되는 순간이지요. 감춰진 사건을 보도한 뉴스가 사회에 파장을 불러일으키고, 그로 인해서 여론이 만들어져 사회 변화로 이어지는 경험을 할 때 기자들은 짜릿한 성취와 만족을 느낍니다. 언론계에서는 알려지지 않은 정보를 최초로 보도하는 것을 일컬어 '특종 보도' 또는 '단독 기사'라고 부릅니다. 앞에서 사례로 든 '워터게이트 사건'의 진실을 알린 〈워싱턴 포스트〉 보도나 박종철 씨 고문치사 사건을 폭로한 〈중앙일보〉 보도 등이 사회 변화로 이어진 특종 보도라 할 수 있습니다. 2016년 최순실의 국정 농단을 밝혀낸 특종 보도는 박근혜 대통령을 탄핵하는 힘이 되었지요. 만약 여러분 중에 기자가 되고픈 사람이 있다면 기자라는 직업이 가진 이미지보다 기자 업무의 특성을 자신이 좋아하고 감당할 수 있는지를 먼저 판단하는 것이 현명할 테지요.

기자가 갖추어야 할 자격과 능력

기자는 감춰진 사실을 조사하고 취재하여 기사로 만들어 보도하는 일을 합니다. 경찰관이나 검사처럼 사건이나 사고를 조사할 줄 아는 수사관의 능력을 갖춰야 하고, 교수나 학자처럼 특정 분야에 대한 지식을 갖춰야 하며, 또 기사를 쓰기 위해 취재한 내용을 문장으로 잘 표현할 수 있는 작가다운 면모도 필요하지요. 그렇다면 이런 능력을 갖춘 형사나 교수, 작가가 기자로 일하면 좋은 기사를 써내는 기자가 될까요? 반드시 그렇지는 않습니다. 기자가 여러 능력을 동시에 갖춰야 한다는 점도 중요하지만, 기자에게 무엇보다 필요한 능력은 특정한 기능이 아닙니다. 기자에게는 취재하고 글 쓰는 능력 이전에 중요한 뉴스를 가리는 종합적 판단 능력과 깊이 파고드는 호기심이 무엇보다 중요합니다. 정해진 업무를 성실하고 꼼꼼하게 처리하는 것을 좋아하는 사람보다는 새로운 현상에 흥미와 호기심을 보이며 좋아하는 사람이 기자직에 더 어울립니다.

물론 종합적 판단 능력과 호기심을 갖춘 사람은 어떠한 업무를 맡아도 탁월한 결과를 만들어 냅니다. 하지만 기자와 프로듀서, 아나운서와 같은 언론인에게는 호기심과 판단 능력 외에 중요한 한 가지가 보태져야 합니다. 바로 세상을 바라보는 태도입니다. 구체적으로는 다른 사람들이 무엇을 궁금해하는지에 대한 관심이고, 나아가 사회에 필요한 가치가 무엇일지 고민하는 태도입니다. 일단 사람과 사회에 대한 관심이 많다면 기자에 어울리는 적성을 가진 것입니다. 발명가나 학자, 예술가도 호기심과 종합적 판단 능력이 중요하지만, 이들이 기자와 다른 것은 사회에 대한 관심입니다. 그래서 다른 사람들의 생각이나 세상이 돌아가는 사정이 궁금하지 않고, 예술가나 작가처럼 자기 혼자서 하는 일이 좋은 사람에게는 언론인이 적합하지 않은 직업입니다. 세상의 모든 일들은 결국 사람이 만들어 내는 이야기입니다. 기자의 일은 사람들을 만나 이야기를 듣는 것에서 시작합니다.

 기자가 되려면 어떤 준비가 필요할까요? 기자는 자격증이나 면허가 없는 직업입니다. 인터넷은 이 세상을 누구나 자신의 주장을 담아 전달할 수 있게 만들었습니다. 원한다면 시민 기자나 프리랜서 언론인을 꿈꿀 수도 있습니다. 하지만 직업 언론인이 되고자 한다면 우선 언론사에 취직해야 하겠지요. 기자에게 자격증이나 면허가 필요하지는 않지만, 주요 신문사와 방송사에 속해서 일을 할 때 기자로 대우받고 경력을 쌓을 수 있습니다. 그렇다면 신문사와 방송사에 취업하려면 어떻게 해야 할까요?

 종합 일간지나 방송사와 같은 언론사에 들어가려면 회사별로 치러지는 언론사 입사 시험을 봐야 합니다. 방송사는 기자, 프로듀서, 아나운서 등으로 모집하고, 신문사는 보통 취재 기자를 선발합니다. 그런데 주요 언론사에 입사하려는 사람은 많고 모집하는 인원은 적어서 경쟁이 치열하지요. 국가고시가 아닌데 '언론 고시'라는 이름이 붙을 정도입니다. 언론사 입사를 꿈꾸는 사람들은 보통 대학을 졸업하고 1~2년 정도 집중적으로 시험을 준비합니다. 언론사 입사 시험은 1차로 국어, 영어, 시사 상식 등을 평가한 뒤 2차로 논술, 작문, 취재와 기사 작성 등의 실력을 검증하는 절차로 진행됩니다. 1차 시험은 주로 객관식 문제이고, 2차 시험은 대부분 글쓰기 형태입니다. 아나운서의 경우는 글쓰기와 기사 작성 대신 카메라와 마이크 테스트가 중요합니다.

4장 기자는 '무관의 제왕'

기자와 프로듀서가 되기 위해서 대학에서 특정한 전공을 선택할 필요는 없습니다. 언론정보학과, 미디어커뮤니케이션학과, 신문방송학과 등 언론학을 가르치는 학과가 있지만, 실제 언론사에 입사할 때 대학에서 어떤 전공을 했느냐는 거의 의미가 없습니다. 대학 졸업장을 요구하지 않는 언론사들도 있습니다. 언론사 입사에서 언론 관련 전공이 유리한 조건은 아닙니다. 실제로 신문사나 방송사의 기자들을 보면 출신과 전공이 다양합니다. 문과 출신이 많긴 하지만, 공대를 졸업한 사람이나 대학에서 물리, 화학 등 자연계를 전공한 사람들도 있습니다.

기자나 프로듀서가 되고 싶은 학생은 대학에서 언론인이 되는 데 특별히 도움이 되는 전공이 없다는 것을 알 필요가 있습니다. 오히려 자신이 흥미를 느끼는 분야를 전공하면서 풍부한 교양 지식과 다양한 경험을 통해 세상을 보는 눈을 기르는 것이 도움이 됩니다. 무엇보다 사회 현상에 관심을 갖고 탐구해 보는 것이 유용하지요. 기자가 되려는 학생이라면 책을 많이 읽고 글도 많이 써 보는 것이 중요합니다. 책을 읽는 것은 지식을 학습하는 방법이기도 하지만, 읽는 사람이 저자의 글을 따라가며 자기 생각을 정리하고 저자와 대화를 나누는 과정입니다. 생각하고 판단하는 능력이 중요한 언론인에게 독서력은 무엇보다 중요한 힘입니다. 또 좋은 글을 많이 읽어야 좋은 글과 그렇지 않은 글을 구분할 수 있고, 글에서 주장하는 핵심을 잘 파악할 수 있습니다. 일기, 편지, 논술 과제 등 일상에서 다양한 주제로 글을 쓰면서 생각을 논리적으로 표현하고 설득력 있게 전달하는 연습을 하는 것은 크게 도움이 되는 습관입니다.

자신이 원하는 분야의 기자가 되려면

기자들 중에는 특정 분야를 맡아 전문기자로 활동하는 경우도 적지 않습니다. 전문가이면서 동시에 기자로 활동하는 경우입니다. 의사나 변호사, 박사처럼 학위나 자격증을 갖고 해당 분야의 전문기자로 활동하는 경우도 있고, 관련한 자격증이나 학위를 갖고 있지 않지만 전문성이 인정되면 전문기자로 일할 수 있습니다. 자동차 전문기자, 로봇 전문기자, 의료 전문기자, 클래식 전문기자, 문학 전문기자, 종교 전문기자 등 다양한 영역에서 전문기자들이 활동하고 있습니다. 많은 기자들이 전문기자의 길을 선호하기 때문에 경쟁이 치열합니다. 기자를 꿈꾸는 사람들 중에는 자신이 좋아하는 분야의 전문기자가 되는 것을 목표로 하는 경우도 많습니다. 애니메이션과 영화를 좋아하면서 기자가 되고픈 사람은 언론사에서 영화 전문기자가 되어 활동하는 것을 꿈꾸기도 합니다.

기자가 되려면 우리가 잘 아는 종합 일간지나 지상파 또는 종합 편성 방송사에 입사해야만 하는 것도 아닙니다. 널리 알려져 있지 않지만, 다양한 전문 분야의 신문이나 잡지, 케이블 방송 매체에서 기자로 활동하는 길도 있습니다. 대형 언론사에서 일하는 경우에 비하면 월급도 적고, 취재와 보도 범위가 특정 분야로 제한되어 독자층도 많지 않습니다. 하지만 자신이 흥미를 가진 특정 분야가 있다면 작지만 전문적인 언론사에서 일을 시작하는 것도 좋습니다.

기자는 바깥에서 보기에는 화려한 직업처럼 보이지만 실제로는 그렇지 않습니다. 일하는 시간이나 업무 강도를 생각하면 월급이 많은 것도 아닙니다. 해외 출장을 다니고 유명인을 자주 만나는 것도 업무라고 생각하면 마냥 신나기만 한 것도 아니지요. 업무 때문에 해외에 나가도 관광할 시간은커녕 일만 하다 오는 경우가 많습니다. 기자는 하나의 주제를 놓고 여러 언론사 기자들과 치열하게 경쟁합니다. 날마다 마감 시간 안에 기사를 써야 하기 때문에 업무 스트레스가 높은 직업이기도 합니다. 그래서 기자들은 술과 담배를 많이 하는 걸로 알려져 있습니다. 기자는 출퇴근 시간에만 일하는 것이 아니라, 퇴근해서도 계속 취재와 관련된 글을 읽고 사람들을 만나야 하기 때문에 노동 시간도 긴 편입니다.

기자는 노동 조건과 시간에 비해 급여나 복지 등의 대우가 다른 직업에 비해서 좋은 편이 아닙니다. 뉴스 현장의 방송카메라 앞에서 마이크를 잡고 있는 멋진 모습만을 떠올리며 언론인을 꿈꾼다면 실망하기 쉽습니다. 언론사는 사업으로 큰돈을 버는 기업도 아닙니다. 경제적 대우가 앞으로도 별로 나아지지 않을 것으로 보입니다. 과거에는 신문사와 방송사의 역할이 지금보다 중요해서 구독

기자는 세상의 중요한 정보 또는 사건에 가장 먼저 접근하여 세상에 알리는 일을 한다. 특히 취재 현장에서 사진 기자들의 경쟁은 매우 치열하다.

자도 많고 광고도 많았지만 이제는 그렇지 않지요. 매체가 다양해지고 경쟁이 심해져 언론사의 사업 환경은 전망이 밝지 않습니다.

그렇다고 기자의 미래가 어두운 것은 아닙니다. 디지털 세상에서는 뉴스와 정보가 넘쳐 납니다. 과거에 언론사와 기자는 정보가 제한된 세상에서 중요한 정보를 먼저 알고 전달하는 역할로 그 가치를 인정받으며 지위를 누려 왔지만, 이제는 달라졌습니다. 앞으로는 넘쳐 나는 정보 속에서 무엇이 진짜 중요하고 필요한 정보인지를 골라내고 감식하는 기능이 더 중요해질 것입니다. 정보가 넘쳐날수록 종합적으로 판단하고 중요한 정보를 제대로 선별하는 기능이 요구되는데, 기자가 하는 일이 바로 이러한 업무이지요.

기술 발전에 따라 생활 환경과 사회의 모습은 계속 바뀝니다. 과거에는 주요 몇몇 신문사와 방송사에 입사해서 정년퇴직할 때까지 수십 년간 일하는 경우가 많았지만, 앞으로는 다른 분야처럼 시대 변화에 따라 직업 안정성이 떨어질 수밖에 없습니다. 그래서 기자가 되려는 사람은 처우나 노동 조건보다는 언론인의 역할을 보람 있는 일이라고 생각하는 직업적 신념이 중요합니다.

언론인은 많은 사람들을 만나고 다양한 사회 현상을 접하면서 짧은 시간 안에 핵심을 파악하여 이를 말과 글로 깔끔하게 요약해서 전달하는 역할을 합니다. 처음부터 취재와 기사 쓰기를 잘하는 사람이 언론사에 뽑혀 입사하는 것은 아닙니다. 언론사는 언론인에 적합한 기본적인 능력과 적성, 직무에 대한 열의와 태도를 고려해 사람을 뽑은 뒤 회사에서 필요한 능력을 가르칩니다. 기자를 꿈꾸는 학생이 학창 시절부터 특별한 능력이나 경력을 준비할 필요는 없습니다. 신문을 읽으며 세상에 대한 관심을 키우고 풍부한 독서와 일상에서 다양한 글쓰기를 통해 스스로 생각하는 법을 기르고 글로 표현하는 습관을 들이는 게 무엇보다 도움이 됩니다.

2. 언론사와 매체의 특성과 차이

　같은 언론인이지만 기자, 프로듀서, 아나운서는 상당히 다른 업무를 합니다. 신문사 기자냐, 방송사 기자냐에 따라 취재 방법이나 기사를 쓰는 방식이 달라지지요. '지구촌'이라는 단어를 만들어 낸 캐나다의 미디어 비평가 마셜 매클루언은 "미디어가 곧 메시지다"라고 말했습니다. 형식이 내용을 결정한다는 뜻이지요. 같은 내용이라도 신문에 실릴 때와 방송 화면으로 전달될 때에는 차이가 있습니다. 미디어의 형태가 메시지(내용)의 제작과 유통 방식을 결정하기 때문에, 어떤 형태의 미디어를 이용하는가에 따라 메시지도 달라집니다. 동일한 뉴스더라도 신문을 통해 글로 전달할 때와 텔레비전을 통해 영상으로 전달할 때 기사의 형식과 내용은 달라지게 마련입니다.

신문과 방송의 뉴스 전달 방식

중요한 뉴스는 항상 현장 화면과 함께 방송됩니다. 방송 기자는 사건을 취재할 때 시청자에게 사건의 핵심을 전달할 수 있는 생생한 현장 화면을 확보해야 합니다. 기자 모습이 나오지 않는 경우도 있지만 대부분은 현장에 있는 기자의 모습이 화면에 잡히는데, 이는 시청자가 뉴스의 현장감을 느낄 수 있도록 해 주지요. 방송 뉴스에는 뉴스를 진행하는 앵커가 있고 뉴스별로 기자들이 등장해 화면과 함께 소식을 전합니다. 뉴스 앵커는 현장의 기자를 연결하여 궁금한 것을 물어보기도 하고, 뉴스를 마칠 때에는 간단한 소감과 함께 인사를 하지요. 또한 날마다 같은 시간에 만날 수 있어 독자들로 하여금 신뢰를 느끼게 합니다. 방송 뉴스에서는 아무리 중요한 사건이 발생해도 하나의 뉴스 아이템을 몇 분씩 길게 방송하지 않습니다. 한 아이템마다 1분 30초짜리 뉴스로 잘라서 보도하지요. 신문에서는 짧은 기사도 있고 한 면을 가득 채우는 긴 기사도 있지만, 방송 뉴스에서는 아무리 중요한 뉴스라 해도 1분 30초짜리로 보도합니다. 대신 관련한 주제에 대해 1분 30초짜리 방송을 여러 건 연속 보도하는 방식을 취합니다. 신문에는 뉴스와 함께 사설이나 칼럼 등 다양한 논평과 읽을거리가 실리지만, 방송 뉴스에서는 찾아보기 힘듭니다.

방송 뉴스가 처음부터 오늘날의 모습을 갖췄던 것은 아니었습니다. 1920년대 미국에서 라디오 방송이 시작됐을 때, 초기의 라디오 뉴스는 성우가 신문 기사를 그대로 읽는 방식이었습니다. 나중에 텔레비전 뉴스가 처음 선보였을 때는 아나운서가 차분히 라디오 뉴스를 진행하듯 모든 뉴스를 읽어 전달하는 방식이었지요. 방송 기술이 발달하고 시청 효과에 대한 연구가 진행되면서 오늘날처럼 앵커가 시청자와 대화하듯 이야기하고 현장의 기자를 연결하는 형식이 자리 잡게 되었습니다.

신문과 방송은 같은 뉴스를 왜 다른 형식으로 전달하는 것일까요? 활자 매체인 종이와 전파 매체인 방송의 차이 때문입니다. 인터넷은 사용자가 적극적으로 미디어 이용과 생산에 참여하는 쌍방향 매체라는 특성이 보태집니다. 동일한 뉴스라 하더라도 어떤 매체(미디어)에 담겨 전달되느냐에 따라서 생산자와 이용자의 태도는 달라집니다. 신문 기자와 방송 기자가 같은 기자이면서도 상당히 다른 방식으로 일을 하게 되는 이유입니다. 방송 기자는 복잡한 사안을 1분 30초 안에 모든 시청자들이 이해할 수 있는 짧고 쉬운 언어로 요약하여 생생한 현장 화면과 함께 전달하는 것이 필수적인 능력입니다. 신문 기자는 복잡한 사안을 무리하게 요약하기보다는 배경을 충분히 설명하고 찬성과 반대의 주장까지 꼼꼼히 살펴 논리적으로 기사를 써야 합니다. 방송에서는 거의 불가능한 일이지요. 그래서 방송 기자는 뉴스를 보도할 때 사안을 알기 쉽게 요약하여 감각적으로 전달하는 능력이 요구되고, 신문 기자는 심층 취재를 통해 사안을 풍부하고 논리적으로 보도하는 능력이 요구됩니다.

이런 차이는 미디어별 특성에서 비롯합니다. 신문을 보는 사람은 자신이 선택한 신문을 유료로 구독해 읽는 경우가 대부분이지요. 각기 다른 논조와 편집 방침을 지닌 수많은 신문 중에서 자신이 선호하고 필요로 하는 신문을 골라서 구독합니다. 하지만 방송은 다릅니다. 텔레비전 뉴스는 주로 가정에서 저녁 시간대에 시청합니다. 뉴스 시간이 되면 특별히 선택하지 않더라도 켜져 있는 텔레비전을 통해서 자연스럽게 뉴스를 시청하게 되는데요. 가정에서는 집 안에 있는 모든 가족이 텔레비전 뉴스를 함께 보게 되고, 공공장소에서는 불특정 다수의 모든 사람이 보게 됩니다.

신문은 독자가 주의를 기울이고 집중해서 읽는 과정이 필수적이지만, 방송은 가만히 앉아 있거나 식사나 대화를 하면서도 시청할 수 있습니다. 텔레비전이 켜져 있는 공간에 있으면 특별히 선택하거나 주목하지 않아도 눈과 귀로 내용이 들어오지요. 이러한 신문과 방송의 미디어 속성은 신문에는 정치적 표현의 자유를 폭넓게 보장하지만, 방송에서는 강하게 규제하도록 만들었습니다. 신문에 비해서 방송에는 공공성 준수가 강하게 요구되지요. 신문에 기고나 기사로 실릴 수 있는 내용도 공영방송에서는 방송될 수 없기도 합니다. 전국의 남녀노소 모든 시청자에게 특별한 선택과 구매 과정 없이 도달하는 지상파 방송은 별도의 심의위원회에서 누구나 시청해도 문제가 없는 내용인지에 대해 엄격한 평가를 받기 때문입니다.[1] 그래서 영화관에서 관람료를 내고 특정 연령대 이상만 볼 수 있는 영상이 지상파 방송으로는 방송될 수 없는 것입니다. 편집하여 방송하는 경우에도 흡연이나 폭력적인 장면 등은 삭제되어 방영됩니다.

활자 매체와 영상 매체의 영향력

같은 내용도 미디어 매체에 따라 영향력이 다릅니다. 신문이나 책은 읽는 사람에게 많은 선택권과 권한이 주어집니다. 관심 없는 부분은 읽지 않고 넘길 수 있고, 내가 읽고 싶은 속도로 읽을 수 있지요. 중요하다고 생각하는 부분에는 밑줄을 긋거나 메모할 수도 있습니다. 잠시 읽기를 멈추고 글쓴이의 주장이나 사실 관계를 따져 볼 수도 있습니다. 글은 읽는 사람이 어떻게 받아들일지 결정하는 과정이 끼어들기 때문에 정보를 수동적으로 받아들이기보다 비판적으로 생각할 여지가 많아지게 되지요.

텔레비전 뉴스를 볼 때는 어떤가요? 먼저 생생한 현장 화면과 음성을 만나게 됩니다. 시위 현장이나 재난 피해 현장의 경우, 현장의 생생함이 강렬한 만큼 보는 사람의 눈과 귀가 저절로 집중하게 되고 마치 직접 본 것과 같은 느낌을 갖게 됩니다. 생방송 뉴스는 잠시 시청을 멈추고 생각해 보거나 건너뛰면서 볼 수 없습니다. 텔레비전 뉴스를 볼 때 시청자는 앵커가 진행하는 순서에 따라 내용을 수동적으로 받아들이게 됩니다. 아예 채널을 돌리거나 텔레비전 전원을 끄는 방법은 있겠지만, 신문이나 책처럼 읽기를 멈추고 곰곰이 생각해 볼 여유를 갖기란 어렵지요.

인터넷은 활자 매체와 영상 매체로 분류하던 미디어 구분을 더 복잡하게 만들었습니다. 인터넷은 신문이든 방송이든 모든 형식의 콘텐츠를 담아서 전달하는데, 이때 쌍방향성과 이용자의 선택 권한이 보태집니다. 방송처럼 스마트폰이나 컴퓨터 화면을 통해 내용을 보기 때문에 직접적이고 감성적 영향을 받는 한편, 신문처럼 이용

---

1   텔레비전 방송은 전파의 송출 방식과 방송사업자 특성, 시청자의 이용 방식에 따라서 몇 가지로 구분된다.

지상파 채널 : KBS, MBC, SBS 등이 있다. 별도의 가입절차 없이 모든 TV에서 수신이 가능하다. 국가에서 허가해 준 주파수를 이용해 지상파 전파로 송출된다. 모두에게 제한 없이 노출되기 때문에 가장 높은 수준의 공공성을 요구받는다.

종합편성 채널(종편) : JTBC, 채널A, TV조선, MBN 등이 있다. 보도, 교양, 오락, 드라마 등 다양한 내용을 편성해서 방송할 수 있는 채널이다. 지상파와 달리 케이블TV에 가입한 시청자만 볼 수 있다.

케이블 채널 : 케이블TV 가입자만 볼 수 있는 방송 채널로 영화, 드라마, 보도, 바둑, 홈쇼핑 등 다양한 분야별로 방송을 한다. 전파가 아니라 케이블(유선망)을 통해 가입자가 선택한 경우에만 시청할 수 있기 때문에 유료결제, 성인방송 등 다양하고 전문적인 내용이 방송되고, 방송 내용에 대한 심의 기준이 지상파 채널과 종편과 달리 허용 폭이 넓다.

요즘은 사진 촬영, 음성 녹음, 영상 녹화 기능을 두루 갖춘 스마트폰이 카메라와 녹음기 대신 취재 현장을 생생히 담아내는 도구로 사용되기도 한다.

자가 주도적으로 댓글이나 평점을 다는 등 보다 적극적으로 반응할 수 있습니다.

"미디어가 곧 메시지다"라는 매클루언의 말을 다시 떠올려 봅시다. 동일한 내용이라도 어떠한 형식의 미디어를 통해서 만나는가에 따라 이용하는 사람의 반응과 생각도 달라진다는 것을 이해하면,

미디어를 더 현명하게 이용할 수 있습니다. 뉴스 현장에서 호흡하는 언론인을 꿈꾸는 사람은 기자라는 직업의 빛과 그늘을 함께 살펴보는 것이 필요합니다. 또한 방송사를 선택할지 신문사를 선택할지를 결정하려면 활자 매체와 영상 매체가 어떠한 특성을 지니고 있는지를 살펴보고 자신이 어느 쪽에 더 적합한 사람인지를 따져보면 도움이 되겠지요.

3. 특권과 책임의 두 모습

기자에게는 '무관의 제왕'이라는 영예스러운 호칭도 있지만 '기레기'라는 불명예스러운 별칭도 따라다닙니다. '기자 쓰레기'를 줄여 '기레기'라고 부르는 것인데요. 왜 이런 말이 생겨났을까요? 기자들이 제대로 취재하지 않고 기업에서 발표한 홍보성 보도자료를 베끼다시피 해서 기사로 보도하거나, 전문적이지 못하고 불충실한 기사로 독자들의 지적을 받는 경우도 적지 않습니다. 기자들 중에는 기자라는 지위를 이용해 사익을 취하거나 비리를 저지르는 경우도 있습니다. 앞서 살펴본 것처럼 언론사와 기자는 일반인에 비해 중요한 정보를 먼저 알고 권력을 가진 사람들 가까이에서 일하는 특성이 있습니다. 국민의 알 권리와 건전한 여론 형성을 위해 언론에 부여한 특권이지요. 그런데 이런 특권을 공익이 아닌 자신과 회사의 이익을 위해 사용한다면 언론과 사회가 함께 부패하게 되겠지요.

산업계와 금융계를 담당하는 기자는 많은 사람에게 큰 영향을 끼칠 정보를 미리 알게 되는 경우가 많은데요. 이를 이용해 증권이나 부동산 투자로 이익을 보려다가 덜미를 잡힌 기자도 있습니다. 기자라는 지위를 이용해 취재하는 상대에게 무례하게 굴거나 부당한 청탁을 하는 경우도 있지요. 기사를 잘 써 달라는 부탁과 함께 뇌물이나 접대를 받는 기자들도 드물지 않았습니다.

자본과 언론의 '검은 거래'

기업인이나 정치인들은 기자와의 관계를 중시합니다. 신문이나 방송에 어떻게 보도되느냐에 따라 한 기업이나 정치인의 이미지가 좌우될 수 있기 때문이지요. 기업에서 결함 있는 제품을 속여 판매해 온 일이나, 밝혀지지 않은 경영진의 비리를 기자가 취재하고 보도하려 할 때, 이를 반가워할 기업이나 경영자는 없습니다. 갖은 수를 써서 기자의 취재를 방해하거나 언론 보도를 막으려고 할 테지요. 이 과정에서 언론사와 기업 간에 '검은 거래'가 형성되는 경우가 흔합니다. 기업이 기업과 경영자의 불법과 비리를 취재한 언론사에 보도하지 말아 달라는 취지로 돈을 주며 무마하는 거래지요. '검은 거래'는 겉으로 잘 드러나지 않습니다. 언론사와 기자는 일상적인 취재 활동으로 기업의 비리를 캐는 것이고, 기업은 언론사 간부에게 잘 부탁한다며 광고를 하는 방식으로 거래를 합니다. 이런 '검은 거래'를 통해서 언론사가 취재한 기사를 아예 보도하지 않는 경우도 있지만, 광고를 게재한 기업이 원하는 대로 기사를 고치는 경우도 있습니다. 또는 신문사나 방송사에서 기자가 취재한 대로 뉴스를 내보내기는 하지만, 중요한 사안을 사소한 기사로 만들어 눈에 띄지 않게 보도하기도 합니다. 어떤 뉴스를 보도할지 말지, 또는 얼마나 중요한 뉴스로 어떻게 보도할지는 언론사의 판단이고, 기업 광고는 기업의 정상적인 경영 활동이므로 언론사와 기업 간에 오고 간 '검은 거래'를 문제 삼을 수 있는 방법은 거의 없습니다.

이러한 거래는 국내 재벌 기업이나 그 총수 일가와 관련해서 자주 일어납니다. 한국의 재벌 총수들은 대부분 거액의 재산과 경영권을 자녀에게 물려주면서 상속세나 양도세를 적게 내기 위해서 온갖 편법을 동원해 왔고 대부분 성공했습니다. 삼성, 현대, SK 등이 모두 이러한 편법을 동원해 세금을 적게 내면서 자녀들한테 거대한 재산과 기업을 물려주는 데 성공했습니다. 나중에는 문제가 되어서 재벌 총수들이 처벌을 받고 감옥에 가기도 했지요. 만약 이런 상속 과정에 대한 여론이 비판적이었다면 재벌들이 세금을 피하는 편법 상속을 계속 시도하고 성공할 수 있었을까요? 여기에는

4장 기자는 '무관의 제왕'

정당하게 세금을 내지 않는 재벌들의 편법 행위를 적극적으로 보도하지 않은 언론이 상당한 역할을 했습니다. 언론이 정치 문제나 일반 범죄 사건처럼 적극적으로 재벌들의 편법 상속을 보도하였다면, 비판 여론이 형성되어 처벌이 뒤따르거나 이를 막기 위한 법률이 만들어졌을지 모릅니다. 하지만 대부분의 언론사들은 이를 적극적으로 보도하지 않았습니다.

지금도 정부나 국회에서 기업의 세금을 올리자고 주장하면, 경제 신문을 비롯한 많은 신문사들은 법인세를 올리면 기업 활동이 위축된다며 기업의 입장을 적극적으로 대변하는 기사를 싣습니다. 국가와 시민 전체의 이익보다는 기업의 이익을 대변하는 것이지요. 이런 배경에는 언론사가 기업이 원하는 논조의 기사를 쓰고 기업들로부터 광고 등으로 도움을 받는 거래 구조가 있습니다.

'기레기'와 '나쁜 보도'

언론이 공익과 사회를 위한 도구로서의 역할을 저버리는 문제는 직접적인 돈의 유혹에 넘어가는 경우에 그치지 않습니다. 사람들의 말초적 관심을 자극하는 선정 보도로 문제의 본질을 덮어 버리고 왜곡하는 것도 심각합니다. '기레기'라는 말이 널리 쓰이게 된 계기는 세월호 참사를 보도한 언론의 몰지각한 행태 때문이었습니다.

한 언론사는 사고 직후 "타이타닉·포세이돈 등 선박 사고 다룬 영화는?", "SKT, 긴급 구호품 제공 및 임시 기지국 증설 '잘생겼다~ 잘생겼다'" 따위의 기사를 내보내 관심을 끌려고 했지만 독자들의 질타가 쏟아졌습니다. 한 공영방송에서는 수백 명이 바닷속에 잠겨 실종된 사고 당일 저녁 뉴스에서 희생자의 사망 보험금이 한 사람당 최고 3억 5천만 원이라는 보도를 내보내 시청자들로부터 공분을 샀지요. 보수 언론들은 세월호 참사의 진실 규명과 박근혜 대통령의 일곱 시간 행적 등 정부의 역할과 책임에 대한 보도 대신 인양 비용과 보상금 문제를 부각시켜 사건을 돈 문제로 취급하려는 시도 때문에 비판을 받았습니다.

언론이 이렇게 '나쁜 보도'에 나서는 까닭에는 선정 보도로 이용자의 관심을 집중시켜 페이지뷰를 늘리려는 상업적 동기, 기업과 정치권력의 이익을 대변하고 대가를 누리려는 거래 동기가 있습니다. 보다 근본적으로는 해당 언론의 기자들이 언론인에게 주어진 각별한 사회적 소명과 책임을 잊어버린 채 그저 언론 기업의 직원

으로 회사의 지시와 돈벌이에만 빠져 있기 때문입니다. 자신이 하는 일이 사회적으로 얼마나 중요한 일인지, 왜 언론에 특권이 주어졌는지에 대해 생각하지 못하는 것이지요. 언론에 특별한 권한이 주어진 것은 언론이 수행하는 역할의 공공성 때문인데 기자가 그 책임과 윤리 의식을 망각한다면 저질 기사를 쓰는 '기레기'가 될 수 있습니다. 직업 언론인은 중요한 문제를 중요하게 다루고, 사실을 정확히 확인하는 직업적 전문성도 필수적입니다.

이번 장에서는 취재와 보도를 담당하는 기자의 직업적 특성을 살펴보고 기자가 되기 위해서 필요한 능력과 적성이 무엇인지 알아봤습니다. 기자라는 직업을 꿈꾸지 않더라도 우리 사회에서 정보와 뉴스를 담당하는 언론인이라는 직업이 어떠한 환경에서 무엇을 위해 일하는지를 이해하는 것은 유용합니다. 우리가 늘 만나고 이용하는 뉴스를 만드는 사람들이 어떠한 가치와 생각, 환경 속에서 일하는지를 알게 된다는 것은 그 결과물인 뉴스를 좀 더 잘 이해하게 만들어 주기 때문입니다.

겉으로 보이는 기자의 화려한 모습과 현장 속 실제 일상은 사뭇 다릅니다. 다른 여느 직업처럼 빛과 그늘이 함께 있지요. 그리고 언론의 독특한 사회적 책임 때문에 기자에게는 특별한 기회와 특권, 동시에 책임과 도덕적 의무도 주어집니다. 기자가 된다는 것은 이러한 사회적 책임을 외면하지 않으면서 자신의 관심 분야를 취재하고 글 쓰는 직업을 수행하는 것입니다. 기자로 일하게 되면 모든 문제를 사회 전체의 관점에서 객관적이고 논리적으로 사고하고 그것을 글로 정리해 내는 작업을 하게 됩니다. 사회를 공공의 관점에서 생각하고 취재하여 글 쓰는 업무에 관심이 있는 학생들은 언론인을 꿈꾸는 것도 좋습니다. 미디어 기술과 사회 변화에 따라 기자의 사회적 대우나 지위, 일하는 방식은 계속 변하겠지만 어떤 주제에 대해 시의성 있는 글을 쓰는 것을 직업으로 삼는다는 것은 매력적인 일입니다.

5장

뉴스가 되는 기준은 무엇일까

Le Monde

A HACKER
WHO WORKED
BOTH SIDES
OF THE LAW

WEEKEND

EASY RIDER
REBELS RIDE
AGAIN WITH A
SET OF TWO

KRUGMA
THE HIJA KED
COMMISS N

El PAIS

International Herald Tribune

WILL GREENWOOD HOW ENGLAND CAN BEAT THE AUSSIES TODAY

The Daily Telegraph

Inside the
Gates Foundation

FT WEEKEND

De Telegraaf

NOORDAANSLAG
OP THEATERPRODUCTIE

VVD rekent

Irish In

1. 중요한 뉴스가 되는 기준

세상에 일어나는 수많은 사건 중에서 어떤 일이 뉴스가 될까요? 신문이나 방송에 뉴스로 보도되는 것과 그렇지 않은 일 사이에는 어떤 차이가 있을까요? 어제 동남아시아에서 태풍으로 수만 명이 숨지는 재난이 발생하였고, 마침 서울 시내에선 돌풍으로 대형 백화점의 간판이 떨어져 행인 두 명이 크게 다치는 사고가 일어났다고 가정해 봅시다. 둘 중에서 더 중요한 뉴스는 어떤 것일까요? 아마도 오늘 밤 우리나라 텔레비전 저녁 뉴스에는 사진과 함께 "백화점 지나던 행인 날벼락, 대형 백화점 안전 관리 부실"이라는 뉴스가 보도될 것입니다. 왜 수많은 사람의 목숨보다 한두 사람의 부상이 더 중요한 뉴스가 되는 것일까요?

날마다 신문에 나온 뉴스가 방송으로 다시 나오고, 인터넷 첫 화면에도 등장합니다. 그러고 보면 신문이나 방송에서 중요하게 다루는 뉴스는 크게 다르지 않습니다. 중요한 뉴스는 왜 언론사마다 비슷할까요? 세상의 수많은 사건 중에서 뉴스가 되는 기준은 무엇일까요?

기자가 뉴스를 판단하는 기준

기자들 사이에는 "기자가 알게 되면 뉴스고, 기자가 모르면 뉴스가 아니다"라는 우스갯소리가 있습니다. 아무리 중요하고 특이한 현상이나 사건이라도 기자나 언론이 알아야 비로소 뉴스로 보도될 수 있다는 말이지요. 그래서 언론사에는 제보 전화와 이메일이 끊이지 않습니다. 어떤 일을 세상에 널리 알리는 데는 집회나 시위, 광고를 통해 많은 사람에게 직접 전달하는 방법도 있지만, 더 효과적인 방법은 그 사실을 기자에게 먼저 알리는 것입니다. 기자가 알게 되면 취재와 보도를 통해 세상에 널리 알릴 수 있게 되니까요.

기자는 수많은 정보와 사건들 중에서 무엇을 뉴스로 보도할까요? 앞서 우스갯소리처럼 기자가 알게 된다고 모두 뉴스로 보도하지는 않지요. 기자는 무엇이 뉴스가 되는지를 골라내는 훈련을 받습니다. 무엇이 뉴스가 되고 안 되는지를 판단하는 것은 기자의 일이지만, 우리가 그 기준을 알면 어떠한 정보가 뉴스가 되어 사람들의 마음과 세상을 움직이는 힘을 갖는가를 이해할 수 있습니다.

　뉴스가 되는 데에는 몇 가지 기준이 있습니다. 앞서 외국의 태풍 피해와 국내에서 벌어진 사건을 통해 유추해 보면 가까운 곳에서 일어난 일이 더 중요한 뉴스가 됩니다. 공간적 거리만이 아니라, 시간적 거리도 가까울수록 뉴스가 됩니다. 과거의 일보다는 최근에 벌어진 일이 더 중요한 뉴스가 되는 것이지요. 가까이 있는 정도를 말하는 '근접성'은 뉴스에서 중요한 기준입니다. 나와 시공간이 가까운 사건이 먼 일보다 중요한 이유는, 그 정보가 보다 유용하기 때문입니다. 2년 전 겨울철 독감 피해가 컸다는 뉴스는 최근 유행하고 있는 독감 소식에 비해 주목받지 못합니다. 돌풍에 건물 간판이 떨어져 다칠 수 있다는 것은 그 도시에 사는 사람 모두에게 직접적인 영향을 끼치는 중요한 뉴스입니다. 먼 나라에서 일어난 재난보다 사람들이 더 관심을 기울이는 내용이지요.

　뉴스는 중요도에 따라 다루는 순서와 분량도 다릅니다. 뉴스 가치가 높을수록 먼저 다뤄지고 다루는 내용도 많습니다. 또한 중요하게 보도되는 사람이나 현상이 따로 있지요. 대통령이나 야당 지도자 등 유력한 정치인과 재벌 기업 경영자들의 발언이나 행동은 중요하게 다뤄지지만, 평범한 사람들의 사고나 장례식은 뉴스가 되지 못합니다. 중요도가 다르기 때문입니다. 뉴스는 얼마나 많은 사람에게 얼마나 오랫동안 영향을 끼치는지를 중요하게 여깁니다. 언론이 중요하게 다루는 사건은 바로 이러한 기준에 부합하는 뉴스입니다. 뉴스의 중요도는 뉴스 보도로 인한 영향력의 크기를 뜻합니다. 사람들은 자신과 미래에 영향을 끼칠 사건이나 사람들에 대해 알고 싶어 합니다. 이와 관련된 소식은 자연히 뉴스가 됩니다.

또한 특이한 일은 뉴스가 되기 쉽습니다. 언론계에는 "개가 사람을 무는 건 뉴스가 아니지만, 사람이 개를 물면 뉴스가 된다"라는

얘기가 있습니다. 평범하고 일상적인 일은 아무리 가까운 곳에서 일어났다고 해도 뉴스가 되지 않습니다. 아주 드물거나 독특한 일이어야 뉴스가 되지요. 사람들은 새롭고 흥미로운 일에 관심을 보이기 때문에 기자는 당연히 신기하고 특이한 사건을 찾아 보도하려 합니다. 그렇다 보니 지나치게 흥미 위주로 뉴스를 전하는 선정주의가 언론의 문제점으로 제기되기도 합니다. 우리 뇌는 새로운 정보를 접할 때 신경전달물질인 도파민을 분비한다고 했지요. 뉴스가 특이한 소식을 추구하는 것은 인간의 본능인가 봅니다.

뉴스는 왜 '1등'과 '최초'를 크게 보도할까

뉴스에서는 '최초'가 중요하게 다뤄집니다. 처음 일어난 일은 크게 보도되지만, 두 번째 일어난 일은 거의 주목받지 못하지요. 오래전에 국내의 한 전자 회사가 1등주의를 주장하면서 "아무도 2등은 기억하지 않습니다"라는 시리즈 광고를 제작해 화제를 모은 바 있습니다. 최초로 달에 착륙한 우주비행사 닐 암스트롱이나 최초로 대서양을 단독 비행하여 횡단한 찰스 린드버그는 모두가 기억하지만, 이들에 이어 두 번째로 달에 발을 딛거나 대서양 단독 비행에 성공한 이를 기억하는 사람은 거의 없다는 내용의 광고였습니다. 한 개그맨이 "1등만 기억하는 더러운 세상"이라고 패러디한 코미디의 오리지널 광고이기도 합니다.

언론은 이 광고보다 더 철저하게 1등만, 정확히 말하면 '최초'만 뉴스로 보도합니다. 2등 또는 서너 번째라고 보도하는 경우도 있지만 드물지요. 왜 언론은 '1등'과 '최초'만 뉴스로 다루는 것일까요? 기업이 1등주의를 지향하는 것과 언론이 1등 또는 최초를 중시하는 것은 차원이 다릅니다. 기업에게 1등은 최고의 품질과 고객 만족을 상징하는 것으로 시장 점유율과 수익성으로 이어집니다. 하지만 언론이 최초를 중시하는 것은 기업의 이윤 추구 동기와 다릅니다. 언론에서 '최초'라는 것은 변화를 의미합니다. 어떤 영역에서건 언론은 최초의 사건을 중요하게 다룹니다. 일례로 1997년 공군사관학교에 처음으로 여생도가 입학하자 모든 언론은 이를 크게 보도했습니다. 하지만 그 이후에는 공군사관학교에 입학하는 여생도를 중요하게 다루지 않았지요. 왜 그럴까요?

'최초'의 사건은 지금까지 불가능하던 일이 비로소 가능해졌다는 의미를 갖습니다. 1969년 인류가 처음 달에 착륙한 사실이나, 1927년 최초로 대서양 단독 비행 횡단에 성공한 사실은 불가능이라는 한계를 극복했다는 의미이기도 합니다. '불가능'을 '가능'으로 바꾼 것을 의미하지요. 공군사관학교에 여생도가 입학한 1997년 이후 1년 뒤에는 육군사관학교에도 첫 여생도가 입학하였고, 그다음 해에는 해군사관학교에도 최초로 여생도가 입학하게 됩니다. 하지만 더 이상 여생도가 사관학교에 들어갔다는 것은 뉴스가 되지 못했습니다. 1997년 여성의 첫 공군사관학교 입학이 중요한 뉴스가 된 것은, 남성 장교를 양성하는 시설이 여성을 포함한 교육 시설로 바뀌었다는 변화를 알려 주는 중요한 정보이기 때문이지요.

언론은 평온한 상태나 관계보다 과격한 시위처럼 첨예하게 대립하는 갈등 상황을 주요한 뉴스로 보도합니다. 치열하게 시장 경쟁을 벌이는 기업들 소식이나 국가 간의 무역 분쟁, 임금 인상을 두고 벌이는 노사 갈등은 언제나 중요한 뉴스거리입니다. 싸움 구경이 재미있다고는 하지만, 언론이 갈등 상황을 뉴스로 보도하는 이유는 따로 있습니다. 대립이나 갈등 상황의 배경에는 서로 다른 이해관계나 사고방식이 자리하고 있기 때문이지요. 근본적인 원인이 해소되지 않는 한 대립과 싸움은 계속되기 마련입니다. 그렇지만 갈등이 언제까지나 지속될 수는 없고 결국은 어느 쪽으로든 결론이 나게 되지요. 갈등은 현재의 상황이 변할 것이라는 사실을 미리 알려 준다는 점에서 뉴스가 되는 것입니다.

변화를 전하는 뉴스가 중요한 이유

특이한 현상은 그 자체로 신기하고 드물기 때문에 많은 사람들이 주목하는 뉴스가 됩니다. '해외 토픽'이나 '나라 밖 요지경 풍경'과 같은 소식은 포털 사이트에서 빠지지 않는 단골 뉴스이지요. 처음 만나는 독특함은 변화를 예고합니다. 패션이 유행하는 경우를 생각해 볼까요? 처음부터 많은 사람이 특정한 패션을 입고 다녀서 유행이 되는 것일까요? 누군가로부터 시작된 패션이 점점 많은 사람들에게 퍼지면서 유행이 만들어지는 것이지요. 신문이나 방송에서 뉴스로 다루는 현상도 처음에는 새롭고 독특하다는 점에서 소개되지만 그저 독특하다고 해서 뉴스가 되는 것은 아닙니다. 주변에 결벽증을 지닌 사람이나 씻지 않는 사람이 있다고 해도 모두 뉴스거리가 되지는 않습니다. 그냥 독특한 사람일 뿐이지요.

뉴스로 다뤄지는 독특함은 그 현상이 다른 사람들에게 얼마나 많은 공감을 불러일으키고 변화로 이어지는 요인을 갖추고 있느냐가 중요합니다. 독특하고 새로운 현상이 사회와 시대를 반영하는 의미를 담고 있어 보다 보편적인 현상으로 확대될 수 있어야 합니다. 혼밥(혼자 먹는 밥), 혼술(혼자 마시는 술), 혼행(혼자 떠나는 여행) 등도 처음에는 새롭고 특별한 현상이라고 보도됐습니다. 처음엔 새로운 현상으로 등장했지만, 얼마 지나지 않아 아주 자연스러운 유행 또는 사회적 흐름이 되었지요. 사람들이 뉴스를 보고 새로운 현상에 대해 알게 되고 공감한 결과, 스스로 태도를 바꾸는 선택으로 이어진 것인데요. 처음엔 새로운 현상일 뿐이었지만, 새로운 유행이 되어 어느새 우리를 변화하게 만드는 것이 뉴스의 역할입니다.

지금까지 살펴본 것처럼 뉴스가 되려면 시공간적 근접성, 최초성, 중요성, 특이성 등의 조건이 충족되어야 합니다. 하지만 모든 뉴스가 이러한 조건을 다 만족하는 것은 아닙니다. 중요한 것은 무엇이 뉴스가 되는지 그 구조를 아는 것입니다. 무엇이 중요한 뉴스가 되는지를 이해한다는 것은 우리가 살아가는 세상에서 중요한 정보가 어떻게 만들어지는지 알게 되는 것이기 때문입니다. 가장 중요한 뉴스는 우리 자신과 사회에 커다란 영향을 끼치는 정보입니다. 아무리 재미없고 나와 상관없는 뉴스로 보여도, 내가 사는 세상과 내 삶에 중요한 정보는 중요한 뉴스입니다. 아르바이트를 하게 되면 시간당 최저 임금이 얼마인지를, 그리고 휴무 시간이나 주휴수당과 같은 시간제 노동자의 권리에 관한 뉴스가 재미없는 경제 뉴스처럼 보여도 나에게는 중요한 뉴스입니다.

중요한 뉴스는 그 영향력이 현재에 그치지 않고 미래에까지 이어져 우리로 하여금 미래를 예측하게 도와주고 준비하도록 만듭니다. 자신과 사회, 또는 미래에 큰 영향을 끼칠 변화를 남들보다 먼저 알거나 제대로 안다는 것은 살아가는 데 매우 중요한 능력입니다. 미디어의 으뜸가는 역할이 각자가 사는 주변을 살필 수 있게 해 주는 기능(환경 감시)인데, 뉴스는 단순히 어제의 일을 알려 주는 것이 아닙니다. 이미 일어난 일들을 통해서 현재 무슨 일이 진행되고 있는지, 앞으로 어떻게 일이 전개될 것인지를 짐작할 수 있게 합니다. 어제 뉴스가 갖는 힘은 오늘 일어나는 현상의 이유와 배경을 설명해 주고, 나아가 미래를 예상하고 준비하게 만들어 주기 때문이지요.

2. 뉴스의 공공성은 어떻게 판단할까

신문과 방송, 포털의 뉴스 첫 화면은 수많은 뉴스 중에서 중요한 뉴스를 골라서 신습니다. 그 기준은 무엇일까요? 앞에서 살펴본 것처럼 시공간적 근접성, 최초성, 중요성, 특이성 등 뉴스 가치를 판단하는 여러 요소들이 있지만, 이러한 다양한 요소를 뭉뚱그려서 하나로 말하면 '많은 사람들에게 필요한 중요한 정보'일 것입니다. 이게 신문이나 방송과 같은 매스 미디어와 블로그, 개인 홈페이지와 같은 개인 콘텐츠와의 차이입니다. 블로그와 개인 홈페이지는 각자가 관심 있는 정보를 다루지만 뉴스 미디어는 모두에게 중요한 정보를 신는다는 것이 특징입니다. 그래서 언론이 보도하는 것은 기본적으로 많은 사람들이 주목하는 '공중의 관심사'입니다. 우리가 뉴스와 정보에 기울일 수 있는 주의력은 제한적이기 때문에 가장 많은 사람들에게 중요한 뉴스들을 골라 싣는 것이 언론의 역할이지요. 언론이 중요하고 힘을 갖는 이유는 많은 사람들에게 중요한 뉴스, 즉 '공공성' 있는 최신 정보를 다루기 때문입니다.

많이 본 뉴스가 중요한 뉴스일까

우리가 뉴스를 추구하는 근원적 동기는 세상을 이해하고 다가올 미래에 좀 더 잘 대비하기 위한 것입니다. 하지만 무조건 더 많은 정보가 유익한 것만은 아닙니다. 인간은 세상의 모든 정보를 다 받아들일 시간도, 능력도 없습니다. 우리는 제한된 정보 안에서 세상과 미래를 이해할 수밖에 없습니다. 사람이 원인과 결과를 따지는 인과적 사고를 하는 성향도 알고 보면 우리가 모든 것을 알 수 없는 상황에서 빠르게 판단해야 하는 조건에서 만들어졌습니다. 인지적 한계를 지닌 사람이 효율적으로 지식을 습득하고 최선의 선택을 하기 위한 생존 전략이 인과적 사고입니다. 인과적 사고는 원인을 알면 미래에 어떤 결과가 나타날지를 알게 해 주는, 인간이 지닌 고차원적인 사유 능력의 핵심입니다. 그래서 우리는 단편적 정보와 토막 뉴스를 통해서 세상의 모습을 파악할 수 있습니다. 이는 언론과 뉴스의 역할과도 관련이 깊습니다. 뉴스가 무수히 만들어지고 포털 뉴스 코너에는 엄청나게 많은 뉴스가 실려 있지만, 실제로 우리가 읽거나 시청하는 뉴스는 얼마 되지 않지요. 세상의 모든 뉴스를 다 읽을 시간도 없거니와, 읽을 필요도 없습니다. 시간도 제한되어 있고 주의력에도 한계가 있기 때문입니다.

많은 사람이 관심을 갖는 것이 뉴스의 중요한 기준이지만, 바로 이 점이 미디어를 현명하게 이용하기 어렵게 만듭니다. 많은 사람이 관심을 갖는다고 해서 반드시 중요하거나 유용한 뉴스는 아닐 수 있기 때문이지요. 인기 많은 연예인과 스포츠 스타가 몰래 만나 오다가 갑자기 결혼을 발표하거나 헤어지게 됐다는 뉴스가 있다고 생각해 봅시다. 실시간 인기 검색어로 뜨고, 관련 기사와 사진이 쏟아져 나오면서 눈 깜짝할 사이 많은 사람의 눈길을 사로잡는 뉴스가 될 테지요. 실제로 포털 뉴스 사이트에서 '가장 많이 본 기사' 코너를 살펴보면, 정치나 경제 뉴스보다는 연예 스포츠 스타의 소식이나 화제성 기사가 높은 순위에 올라 있는 경우가 대부분입니다. 통계상으로는 사람들이 가장 관심을 많이 갖고 열심히 읽는 뉴스이지만, 이러한 뉴스가 공공성을 갖춘 중요한 뉴스는 아닙니다.

우리 뇌는 자극적인 정보에 우선적으로 반응하도록 되어 있습니다. 곰곰이 생각해야 하는 중요한 정보보다 즉각적으로 반응하는 충격적인 정보에 눈길이 가는 것은 본능적 현상입니다. 더욱이 인터넷에서 뉴스를 보게 되면 재미있고 자극적인 뉴스가 '가장 많이 본 뉴스'로 주요하게 노출되기 때문에 더욱 많이 보게 되지요. 그런데 우리의 주의력은 제한되어 있기 때문에 흥미 위주로 뉴스를 이용하게 되면, 재미있지는 않지만 중요한 뉴스를 볼 시간이 없습니다. 시험을 앞두고 공부보다 드라마나 게임을 즐기면서 시간을 보내다 후회해 본 경험은 누구나 한 번쯤 있을 텐데요. 우리가 꽤 오랜 시간 포털에서 뉴스를 봤는데도 나중에는 내가 무슨 뉴스를 봤는지 생각나지 않거나, 애초에 내가 검색하려 했던 정보가 무엇이었는지 잃고 마는 경우가 있지요. 중요한 정보와 중요하지 않은 정보를 구분하지 않은 채 자극적인 정보 위주로 이용하기 때문에 벌어지는 일입니다. 원하지 않는 뉴스를 보는 데 쓸데없는 시간을 사용한 것인데요. 이는 사회적으로도 문제가 아닐 수 없습니다. 민주주의 사회에서 공동체에 중요한 뉴스보다 선정적 뉴스가 넘쳐 나면 건강한 여론이 만들어지기 어렵기 때문입니다. 민주주의 사회는 공동체의 주요한 결정에 적극적으로 참여하는 시민들이 필수적이고, 그 시민들은 뉴스를 통해서 공동체에 중요한 문제에 대한 정보를 읽고 토론하며 여론을 형성하는 사회이니까요.

뉴스의 기준은 '대중의 정당한 관심'

뉴스에서 중요한 것은 '대중의 정당한 관심'입니다. '대중의 정당한 관심'이라니 대체 무슨 말인지 아리송하지요? 예를 들어 인기 연예인의 학창 시절 생활기록부를 입수해 철없던 시절 실수로 처벌받은 일이나 평가가 좋지 않은 기록을 언론에서 보도하는 것은 대중의 정당한 관심사가 아닙니다. 사생활 침해에 해당하지요. 그런데 대통령 후보에 대해서 같은 내용을 보도하는 것은 문제가 되지 않아요. 이 경우는 대중의 정당한 관심사로 여겨져 언론 보도가 허용됩니다. 왜 같은 방식의 보도인데 대통령 후보에 대해서는 허용되고 인기 연예인에 대해서는 허용되지 않을까요?

대통령이나 장관 등 주요 공직자에 대한 보도 기준과 연예인에 대한 보도 기준은 다릅니다. 보도의 대상자가 얼마나 공적인 일을 맡아 처리하고, 권력과 책임을 갖는가에 따라 달라지지요. 대통령이나 국회의원 등 선거를 거쳐 공직에 종사하는 사람들은 스스로 국민 앞에서 검증을 받겠다고 약속한 사람들입니다. 사회 공동체의 공적인 일을 수행하기 위해 국민들로부터 위임받은 권력을 사용하는 사람들이니까요. 연예인은 우리에게 이름이 널리 알려져 있지만, 권력을 이용해 사회에 공식적인 영향력을 행사하는 사람은 아니지요. 고위 공직자들은 해마다 재산을 공개하여 재산이 늘어나거나 줄어든 내역을 신고하고 공개해야 합니다. 특히 대통령처럼 책임이 막중한 공직자는 거의 모든 행동이 사람들의 관심사이고, 기록으로도 남겨지는 중요한 인물입니다. 누군가의 학창 시절 생활기록부를 들추어 공개하는 것은 사생활을 침해하는 범죄이지만, 대통령 후보처럼 공직자가 되려는 사람에 대해서는 유권자의 정당한 권리 행사를 위해서 반드시 필요한 일이라고 보는 겁니다.

대중의 관심이 정당한 것이냐 아니냐는 그 영역이 '사적이냐 공적이냐'에 따라서 달라집니다. 하지만 이는 선명하게 구분되지 않을 때가 많아요. 언론사는 표현의 자유를 강조하며 자신들의 보도를 '대중의 정당한 관심'이자 '국민의 알 권리'라고 주장합니다. 유명인의 사생활을 '국민의 알 권리'라고 말하면서 들춰내어 보도하는 경우도 많습니다. 이를 '파파라치'라고 부르지요. 파파라치는 파리처럼 웽웽거리며 달려드는 벌레를 뜻하는 이탈리아어에서 나온 말로, 연예인 등 유명인의 비밀스러운 사진을 몰래 찍어 고가에 팔아넘기는 직업 사진가를 일컫는 단어가 됐습니다. 우리나라에서는 스포츠 스타나 인기인의 사생활을 몰래 찍어 보도하는 〈디스패치〉 같은 곳이 대표적인 파파라치 언론입니다. 프랑스 파리에서는 파파라치들이 영국의 찰스 왕세자와 이혼한 다이애나 왕세자비와 아랍 재벌의 비밀 데이트를 취재하느라 교통사고를 유발해 다이애나를 숨지게 만들기도 했습니다.

파파라치 언론과 언론의 자유

민주주의 사회는 표현의 자유를 중시하기 때문에 언론의 취재를 제한하거나 파파라치 활동을 차단하기 어렵습니다. 언론의 자유가

영국의 대표적인 타블로이드 일간 신문인 〈데일리 미러〉와 〈선〉. 1면에 유명인의 파파라치 사진과 가십성 기사로 사람들의 관심을 모은다. 지나치게 상업적이고 선정적이라는 이유로 비판을 받고는 한다.

폭넓게 보장되는 나라에서는 돈을 노리고 활동하는 파파라치 언론도 적지 않습니다. 하지만 파파라치 언론이 그 사회의 중요한 언론으로 존중받지는 못합니다. 언론이 사회의 공공성에 관한 정보를 전달하고 여론을 형성하기 위한 민주주의 사회의 제도적 장치인 까닭입니다.

파파라치 언론이나 그와 유사한 상업주의 언론은 겉으로는 '알 권리'를 주장하지만, 실제로는 돈벌이를 위해 언론의 자유와 특권을 이용하는 것일 뿐입니다. 자본주의 사회에서 상업주의 언론사의 출현을 막을 수는 없습니다. 독자와 시청자의 관심과 욕구에 충실하고 다채로운 볼거리와 흥미를 제공하는 상업주의 언론의 장점도 분명 있으니까요. 하지만 언론이 민주주의의 제도적 장치로서 비판적 보도와 여론 형성이라는 역할을 간과한 채 재미와 욕구 충족만을 우선하며 돈벌이에 주력한다면 상업주의 언론의 폐해가 드러날 것입니다. 개인이 저마다의 관심사와 취향을 좇아 정보를 추구하는 것은 자연스러운 일입니다. 하지만 사회 전체적으로는 언론이 공동체의 관심사를 충실하게 보도하고 그에 관한 여론을 형성하는 역할에 충실해야 함을 잊지 말아야 합니다.

언론이 단순히 다양한 정보를 제공하는 인터넷이나 정보지와 다른 점은 보도와 논평을 한다는 것입니다. 보도가 새로운 정보를 찾아내 알리는 행위라면, 논평은 그 뉴스가 왜 중요한지, 어떤 의미를 갖는지를 설명하고 평가하는 행위입니다. 신문에서 보도는 뉴스 기사로, 논평은 칼럼이나 사설, 해설 기사의 형태를 띠고 있습니다. 보도와 논평은 언론이 수행하는 핵심 기능입니다. 언론은 일차적으로 취재와 보도를 통해서 새로운 것을 드러내 널리 알립니다. 그리고 그것이 왜 옳고 그른지, 좋은 것과 나쁜 것을 평가하는 논평을 합니다. 보도와 논평을 통해서 독자들은 새 정보와 관점을 만나게 되고 그에 대한 자신의 생각을 형성하게 됩니다. 언론이 각 개인과 사회 여론에 강력한 영향력을 행사하는 기본 구조이지요. 이러한 언론의 기능은 민주주의 사회에서 너무도 중요하기 때문에, 앞서 살펴본 것처럼 언론은 국가권력의 제4부로 기능하며 표현의 자유를 보장받고 특별한 지위와 권리를 부여받았습니다.

언론은 우리에게 세상을 들여다보는 창입니다. 언론이 공공성보다 돈벌이를 위한 수단으로 쓰인다면 어떤 결과가 일어날까요? 창이 깨끗하지 않아 심하게 뒤틀려 왜곡된 세상의 모습을 보여 주는 결과로 이어지겠지요. 우리는 세상에 대한 정보를 의존하고 있는 언론이라는 창이 깨끗한지 알기 위해 언론이 어떤 기준으로, 어떻게 뉴스를 고르고 결정하는지를 살필 수 있는 능력이 필요합니다.

3. 뉴스의 가치는 누가 결정할까

　언론이 보도의 주제를 선택하고 판단하는 데에는 뉴스의 가치가 중요하게 작용합니다. 사람마다 취향이 다르듯이 공동체에 중요한 뉴스의 가치가 무엇인지에 대한 판단도 언론사마다 제각각입니다. 언론사마다 설립된 배경과 목적이 다르고, 지향하는 가치가 다르기 때문이지요. 신문 1면에 어떤 기사를 싣고 어떤 관점으로 보도할지는 언론사의 편집 방침에 따라 달라집니다. 포털의 첫 화면에 실린 주요 뉴스도 포털 뉴스 편집자의 판단이 작용하게 됩니다. 우리는 '어제오늘 일어난 주요 사건'으로 뉴스를 만나지만, 뉴스가 우리에게 도달하기까지는 가치 판단이라는 절차를 거치게 됩니다.

어둠 속 서치라이트, 언론

뉴스는 모두에게 골고루 비추는 태양 같은 존재라기보다 어둠 속 서치라이트처럼 보고 싶은 대상만을 비춥니다. 사진을 찍는 행위와 비슷하다고 할까요. 사진은 사실을 그대로 보여 주는 객관적인 표현 수단처럼 여겨지지만, 실제로 사진을 찍는 행위에는 대상을 고르고 버리는 과정이 따릅니다. 요즘은 스마트폰의 카메라 성능이 워낙 뛰어나 일반인도 전문 사진가처럼 멋진 사진을 찍을 수 있게 되었지요. 하지만 전문 사진가의 솜씨를 따라가기엔 아무래도 역부족입니다.

전문 사진가와 일반인이 찍는 사진은 무엇이 다를까요? 카메라 기능을 숙지하고 조작법을 익히는 것도 중요하지만, 그것만으로는 충분하지 않습니다. 사진의 특성을 이해하면 좀 더 멋진 사진을 찍을 수 있습니다. 흔히 사진을 '빼기의 예술'이라고 말합니다. 눈에 보이는 풍경을 모두 담으려 하기보다 보여 주고자 하는 대상을 강조하기 때문인데요. 좋은 사진은 표현하려는 주제나 대상이 보다 분명히 드러나기 마련입니다. 그러기 위해서는 중요하지 않은 요소들을 화면에서 제거해야만 합니다. 그리고 표현하려는 대상의 특징이 잘 드러나는 순간을 포착하여 촬영하게 됩니다. 그렇기 때문에 사진에는 촬영하는 사람의 의도와 관점이 반영되어 나타납니다.

어둠 속 서치라이트 기능을 하는 언론의 보도가 어떻게 잘못 보일 수 있는지를 알려 주는 유명한 그림이 있습니다. 텔레비전에서 비추는 모습은 왼쪽 사람이 오른쪽 사람을 위협하는 장면처럼 보이지만, 실제는 반대의 상황인 경우입니다. 언론이 부분에만 초점을 맞춰 자신들의 입맛에 맞게 왜곡하여 보도하는 경우를 빗대고 있습니다.

우리는 모든 것을 자세히 다 알 수 없습니다. 그럴 시간과 능력도 부족하거니와 언론이 중요한 정보만을 요약하여 제공하니 이에 의존하게 되지요. 그런데 언론이 위 그림처럼 전체가 아닌 부분만을 비춰 진실을 왜곡하여 전달할 때, 이를 그대로 받아들인다면 우리는 잘못된 인식을 갖고 행동할 수 있습니다. 언론 보도가 많은 사람들에게 큰 영향을 끼치는 만큼 언론이 사실을 정확하게 보도하는 것은 매우 중요합니다. 그렇지만 언론사의 의도와 편집 방침은 사실을 그대로 전달하기보다 왜곡하거나 자신들이 원하는 형태로 해석하여 보도하는 경우가 많습니다.

한 기업에서 경영진과 노동자 사이의 의견 대립으로 갈등이 발생한 경우를 생각해 봅시다. 노사 간 대립은 대부분 어느 한쪽이 전적으로 잘못해서 일어나는 문제라기보다 당사자 사이의 복잡한 갈등과 이해관계가 얽혀서 일어나기 마련입니다. 상대로부터 더 많은 것을 얻어 내면서도 좋은 관계를 유지하여 서로 상생하려는 방법을 찾는 것이 목적이지, 대립 도중에 상대를 비난하고 공격한다고 해서 서로 끝장을 내자는 것은 아니지요. 일종의 협상인 셈인데요. 이런 경우 언론의 역할은 어느 한쪽을 편드는 보도가 아니라, 노사가 충돌하게 된 원인과 배경을 정확하게 취재하여 문제 해결을 위한 논의가 이루어질 수 있도록 보도해야 합니다. 그런데 현실에서는 대부분의 언론사가 한쪽을 일방적으로 편드는 경우가 많습니다.

노동 문제에 편향적인 언론 보도

'시시비비(是是非非)'란 옳은 것(是)을 옳다고 하고 그른 것(非)을 그르다고 말한다는 의미입니다. 언론 보도와 논평의 기본적인 역할이지요. 그런데 각 언론사는 시시비비를 제대로 가리기보다 언론사 입장과 가까운 쪽을 무조건 옳다고 하고, 상대편을 그르다고 비난하는 경우가 많습니다. 우리가 언론 보도를 비판적으로 받아들여야 하는 이유입니다. 특히 노동 문제를 다룰 때 시시비비가 제대로 지켜지지 않는 경우가 흔하지요. 거대한 자본과 경영권을 소유한 기업주의 횡포에 노동자 개인이 대처하는 것은 여러모로 불리하기에 법률은 노동자의 단결권과 파업권을 보장하고 있습니다. 노사 간에 노동 조건과 임금 인상을 둘러싼 대립이 있을 때면 대부분의 언론이 법이 보장하는 노동자의 권리 요구를 잘못된 것처럼 보도하는 경우가 많은데요. 중립을 지켜 보도해야 할 언론사가 노골적으로 기업주 편을 드는 것이지요.

언론이 기업주를 편들어 노동자 파업을 왜곡 보도한 대표적 사례가 콜트악기·콜텍 노조의 파업입니다. 기타를 생산하는 이 회사는 세계에서 기타 점유율이 30퍼센트를 차지할 정도로 수익성이 좋은 기업이었는데, 기업주가 인건비 절감을 위해 인도네시아와 중국 다롄 등 해외에 공장을 세워 직접 수출하는 전략을 쓰게 되지요. 그러면서 2007년에 갑자기 국내 공장을 폐쇄하고 직원을 정리해고하기 시작했습니다. 노동자들은 부당한 해고에 맞서 장기간 파업에 들어 갔지요. 그런데 다수의 언론은 노동자들의 파업 때문에 회사가 문을 닫은 것처럼 보도했습니다. 2015년 한 정당의 대표는 이 회사 노조의 강경한 파업을 비난하는 발언을 했다가 1년 만에 자신의 발언에 대해 공개 사과하는 기자회견을 하기도 하였지요. 2017년 19대 대통령 선거에서도 한 대통령 후보가 강성 노조 때문에 기업이 망했다는 얘기를 되풀이했습니다. 사실은 위에서 밝힌 것처럼, 기업주가 인건비 절감을 위해 공장을 해외로 이전하면서 노동자들에게 책임을 떠넘긴 것이었습니다. 그래서 2008년 노조의 강경한 파업 때문에 회사가 망했다고 보도한 〈동아일보〉는 대법원 판결에서 보도 내용이 허위라는 판결을 받아 2011년에 정정 보도를 내야만 했습니다. 2008년 노조 파업 때문에 회사가 망했다는 기사는 머리기사로 크게 실렸지만, 2011년 "2008년 기사는 사실과 다릅니다"라는 정정 보도는 보일 듯 말 듯 작게 실렸습니다. 이런 왜곡 보도는 많은 사람들 머릿속에 노조 때문에 회사가 망했다는 잘못된 인식만 심어 주는 것입니다.

그런데 왜 많은 언론이 위 사례처럼 기업주 편을 들고 노동자들을 공격하고 비난하는 편향되고 왜곡된 보도를 하는 것일까요? 이는 언론사의 광고 수입 때문입니다. 신문은 구독료와 광고료가 주 수입원인데, 갈수록 구독료보다 광고료의 비중이 더 커져 가고 있습니다. 언론에 광고하는 기업은 주로 재벌이나 대기업입니다. 일

동국제강 '성과급 잔치'

인천 두 기업 엇갈린 운명

콜트악기 '폐업 찬바람'

오늘의 날씨

14년 무파업 '선물'

1994년 매출 9058억 → 2008년 5조 예상 초고속 성장

7년 파업의 '눈물'

전기·통기타 매출 세계1위 흔들… 부평공장 문닫기로

휘센 로봇청소 기능
LG전자 WHISEN

내일까지 천둥·번개 동반 많은 비

가을밤 경회루 깨운 풍악에… 연못가 능수버들도 어깨춤

檢, 김두우 前수석 21일쯤 소환

청와대, 어제 사표 수리

정정보도문

본보는 2008년 8월 2일 '7년 파업의 눈물'이라는 제목으로 '한국금속노동조합 인천콜트악기 노조의 강경한 파업 때문에 회사가 문을 닫게 되었다'는 취지의 보도를 했습니다. 그러나 콜트악기의 부평공장이 폐업한 것은 노조의 파업 때문이 아니라 회사 전체의 매출과 영업이익 악화 때문인 것으로 밝혀져 이를 바로잡습니다.

콜트악기 노조의 강경한 파업 때문에 회사가 문을 닫게 되었다는 왜곡 보도 기사(위)는 '7년 파업의 눈물'과 '14년 무파업 선물'이라는 기사 제목을 대비하여 노조의 파업 자체를 부정적으로 묘사하고 있다.(《동아일보》 2008년 8월 2일자 11면) 그리고 3년 뒤 같은 기사에 대한 정정 보도 기사(아래)는 다른 기사 귀퉁이에 작게 편집되어 실렸다.(《동아일보》 2011년 9월 19일자 A2면)

반 시민이나 노동자들이 자신들의 의견을 광고로 내보내는 경우도 있지만, 기업의 상품 광고에 비하면 아주 미미하지요. 신문사들이 광고료를 많이 내는 기업의 입장을 대변하는 보도를 하는 이유입니다. 일부 기업은 자기 회사에 비판적 보도를 실은 언론사에 광고를 중단하는 방법으로 언론사를 길들이려고 시도하기도 합니다. 대표적인 사례가 삼성그룹의 편법 상속과 비자금 의혹을 집중보도한 〈한겨레〉 신문에 대해 삼성이 1년 넘게 광고를 끊어, 해당 신문사의 경영을 위협하려 한 경우입니다.

또한 신문이나 방송이 어떤 목적으로, 어떤 사람들에 의해서 만들어졌는가도 해당 언론사의 논조를 좌우하는 중요한 요소입니다. 〈매일경제신문〉, 〈한국경제신문〉은 한국의 대표적인 경제 신문인데, 이 신문들은 단순히 경제 분야의 뉴스를 집중 보도하는 것만이 아니라 재벌과 대기업의 이익을 노골적으로 옹호하는 논조를 유지합니다. 배경에는 이런 신문사의 설립 동기 자체가 친기업적 보도를 통해서 수익을 많이 내고자 하는 것도 있고, 〈한국경제신문〉의 경우 재벌들의 이익 단체인 전국경제인연합회(전경련)가 주도가 되어 만든 신문사라는 특성도 있습니다. 이런 신문사에서는 수시로 경제를 활성화시키기 위해서 기업가 정신이 필요하고 기업의 자유로운 활동을 억제하는 법적 규제를 없애는 것이 필요하다는 기획 기사를 내보냅니다. 노동자들의 권리 옹호와 단결권 등을 강조하는 기획 기사를 이런 신문에서는 거의 찾아보기 힘들지요. 그런데 문제는 기업가 위주의 보도가 친재벌적인 경제 신문만이 아니라 대부분의 신문과 방송에서 이뤄진다는 것입니다. 이는 앞서 살펴본 것처럼 광고를 많이 하는 대기업들의 입김에 영향을 받는다는 것이고, 또 이런 신문사와 방송사를 설립해서 운영하는 경영자들 자신이 기업인이라는 점도 작용합니다. 노동자와 기업주 간의 갈등을 공정하게 바라보고 보도하기보다 기업주 편에서 보도하기를 직원 기자들에게 요구하는 것으로 나타나기도 합니다.

노동자와 기업주와의 갈등을 바라보는 이런 편향된 관점은 경제 신문이나 종합 일간지 또는 방송에서만 나타나는 것으로 그치지 않습니다. 이런 생각은 교과서에도 고스란히 반영되어 나타납니다. 요즘 교과서에는 기업가 정신에 대한 내용은 실려 있지만, 노동자로서의 권리를 찾는 법이나 단결권을 행사하는 방법에 대한 내용은 거의 없습니다. 대부분의 학생이 기업체 사장이나 경영자보다는 기업에 고용된 노동자로 살아갈 텐데, 그들이 살아가는 데 필요한 노동자 권리에 대해서는 배우지 못하고 오히려 기업가 정신에 대해서만 교육을 받는 상황이 벌어지고 있는 것이지요. 이런 배경에는 갈등하는 두 당사자의 상황을 일방적으로 한쪽 편에서 보도하는 편향된 언론과 그에 대해 비판하지 않는 사회적 분위기가 작용한다고 볼 수 있습니다. 우리가 언론 보도를 좀 더 꼼꼼하게 그리고 비판적으로 받아들여야 하는 이유입니다.

객관적 언론 보도란 무엇일까

1. 언론 보도의 객관성

언론은 사람들이 뉴스를 틀림없는 사실이라고 믿게 만드는 표현 방법을 발달시켜 왔습니다. 같은 선물이라도 비닐봉지에 담을 때와 고급스러운 포장지에 쌀 때 받는 이의 느낌이 다르겠지요. 언론 보도는 고급스러운 포장지와 같습니다. 신문은 어제 일어난 일을 생생한 현장 사진과 기사로 매일 우리들에게 배달합니다. 방송 역시 말끔하게 차려 입은 앵커가 스튜디오에 앉아 정확한 발음으로 자막과 함께 생생한 현장 뉴스를 영상으로 전달하지요. 그리고 우리 대부분은 언론에 보도된 내용을 의심하지 않고 사실로 받아들이기 마련입니다. 과연 언론에서 하는 말은 모두 다 믿을 만한 것일까요?

미디어는 '투명한 창'일까, '색깔 있는 안경'일까

친구와 어떤 주제에 관해 이야기하다가 의견이 갈릴 때, 우리는 내 주장이 옳다는 근거로 "그거 뉴스에 나온 얘기야"라고 말하고는 합니다. 언론에 보도된 내용을 제시하며 공신력을 주장하는 방법인데요. 논리적으로 주장하려면 근거와 출처를 명확히 밝혀야 한다는 것은 알고 있지요? 우리가 어떠한 주장을 펼칠 때 "방금 떠오른 생각이야"라고 말하는 것과 "뉴스에 보도된 내용이야"라고 말하는 것은 신뢰도와 설득력에서 차이가 있습니다. 뉴스로 보도됐다는 것은 공신력 있는 언론이 사실 여부를 확인했다는 것을 의미하니까요.

상대방을 설득하는 데 뉴스를 근거로 제시하는 것은 효과적입니다. 국회의원들도 정부를 감시하고 비판하는 국정감사에서 신문과 방송 보도를 인용해 정부의 잘잘못을 추궁하고 논리적인 주장을 펼치기도 합니다. 하지만 당연하게 사실로 받아들이는 뉴스에 대해서 다르게 생각해 볼 필요가 있습니다. 정말 언론은 세상을 있는 그대로 보여 주는 '투명한 창'일까요? 혹시 '색깔 있는 안경'은 아닐까요?

사람은 어떻게 세상에 대한 지식을 형성하고 자기 생각을 갖게 될까요? 먼저 우리의 생각, 즉 인식이 어떻게 만들어지는지 살펴보아야 합니다. 사람은 주로 눈과 귀로 정보를 받아들입니다. 직접 내 눈으로 확인한 것은 다른 어떠한 것보다 확실한 느낌을 줍니다. '백 번 듣는 것보다 한 번 보는 것이 낫다'는 속담도 있지요. 하지만 우리 눈과 귀가 세상의 모습을 정확하게 파악할 수 있는 것은 아닙니다. 똑같은 차량이라도 검은색보다 흰색 차가 더 크게 보이는 착시 현상도 있습니다. 실제로 가까이에서 보면 멀리서 보았을 때와 다르게 보이는 경우도 흔합니다. 눈으로는 깨끗해 보이는 피부도 현미경으로 자세히 들여다보면 피부 속에 모낭충이 살고 있다는 것을 확인할 수 있습니다. 무색처럼 보이는 빛도 프리즘으로 보면 무지개처럼 서로 다른 파장의 광선이 모여 있다는 것을 알 수 있지만, 이런 현상이 맨눈으로는 보이지 않습니다. 지구는 자전하면서 엄청나게 큰 소리를 낸다고 합니다. 하지만 우리가 들을 수 있는 주파수 범위를 벗어나 있기에 누구도 그 소리를 듣지는 못합니다. 우리의 집중력과 주의력에는 한계가 있어서 눈과 귀를 열고 있어도 모든 것을 파악하지 못합니다. 생각에 골똘히 빠져 있으면 눈앞에서 친구가 장난을 걸어와도 눈치채지 못하지요.

인간의 눈과 귀는 완벽하지 않습니다. 보이고 들리는 그대로 믿을 것도 못 되지요. 2015년 미국의 인터넷 매체인 〈버즈피드〉에서 같은 드레스 사진을 놓고 전 세계 수천만 명이 색깔 논쟁을 벌인 소동이 있었습니다. 절반은 드레스 색상을 흰색과 금색으로, 나머지 절반은 파란색과 검정색이라고 보았는데요. 같은 색이지만 사람마다 서로 다른 색으로 볼 수 있다는 사실은 우리가 확신하는 시각에도 한계가 있음을 느끼게 합니다.

사람은 미디어라는 도구를 활용해 세상의 모습을 만납니다. 라디

보는 사람마다 다른 색깔로 보여 인터넷에서 논란을 일으킨 〈버즈피드〉의 드레스 사진.

오나 텔레비전, 신문처럼 미디어는 우리 인식의 한계를 확장시켜 주는 도구이지요. 다시 한 번 사진을 예로 들어 보겠습니다. 요즘은 고성능 자동카메라 덕분에 누구나 고해상도 사진을 흔들림 없이 쉽게 찍을 수 있습니다. 하지만 고급 카메라를 갖고 있다고 누구나 같은 작품 사진을 찍는 것은 아닙니다. 작품 사진은 아름다운 풍경이나 극적인 장면을 순간적으로 포착하는 행운이나 오랫동안 찰나를 기다리는 노력만으로 가능하지 않습니다. 사진작가의 작품 사진을 보면 일반인이 찍은 사진과는 다른 점이 눈에 들어옵니다. 무엇을 찍은 것인지 분명하게 느껴집니다. 사진은 대상을 깊이 이해한 상태에서 어떤 관점으로 바라보고, 어떤 부분을 강조하였는가에 따라 작품성이 만들어집니다. 사진작가의 판단과 선택에 따른 결과입니다. 같은 피사체라도 찍는 사람의 생각과 의도에 따라 전혀 다른 사진으로 표현되는 것이지요. 미디어는 세상을 바라보는 창이자 안경인 동시에 누군가의 생각과 의도가 반영된 세상의 모습이기도 합니다.

관점에 따라 달라지는 언론 보도

사진을 찍는 사람의 생각과 의도가 개입되는 것은 작품 사진만이 아닙니다. 언론의 보도 사진도 마찬가지입니다. 동일한 사건과 현장을 다룬 기사지만, 기자가 어떤 각도에서 무엇을 강조하려 했느냐에 따라서 전혀 다른 내용의 뉴스가 되기도 하지요. 언론이 4대강 사업의 결과를 보도한다고 가정해 봅시다.[1] 낙동강에 건설된 보위로 자동차가 달리고 수량이 풍부하게 흐르는 항공사진을 보도할

---

1   이명박 정부가 한국형 녹색성장을 내걸고 22조 원의 예산을 들여 추진한 4대강(한강, 낙동강, 금강, 영산강) 정비 사업. 4대강의 홍수와 가뭄을 예방하고 생태계를 복원한다는 취지로 추진되었지만, 물 흐름을 막고 졸속 처리와 부실 공사로 오히려 수질이 악화되고 생태계가 파괴되었다는 비판을 받았다. 사업 추진 당시에 환경단체와 시민단체, 종교단체, 해외 언론 등에서 환경파괴 사업이라는 반대 여론으로 논란이 일었다. 이후 4대강 유역에 녹조가 창궐해 '녹조라떼'라는 신조어가 등장하였고, 물고기들이 떼죽음을 당하는 등 사업 이후 여러 문제를 드러내고 있다.

물에 녹조가 가득합니다.
더 이상 생명이 살 수 없습니다.

수도 있습니다. 똑같은 지점에서 녹조가 가득한 강물을 컵에 담아 환경 재앙이 된 4대강 사업을 비판하는 환경단체의 시위 모습을 보도할 수도 있습니다. 두 기사는 각각 직접 현장에서 생생한 장면을 포착했지만, 보도하는 관점에 따라서 4대강 사업에 대한 정반대의 메시지를 전달하게 됩니다.

언론의 사명은 사실을 객관적으로 보도하는 것이지만, 복잡한 현실에서 무엇이 객관적 진실인지는 명확히 드러나지 않는 경우가 많습니다. 사진은 진실을 기록한 객관적 실체로 여겨지지만, 4대강 사진의 사례에서처럼 보는 관점에 따라서 똑같은 강물도 다르게 보도됩니다. 현장 사진도 객관적 보도가 아닐 수 있는 것처럼, 말과 글로 만들어지는 기사는 보도하는 언론사에 따라서 내용과 방향이 크게 달라집니다. 해마다 노동자의 시간당 최저 임금을 결정하기 위한 협의가 이뤄지는데, 항상 언론사들이 두 편으로 나뉘어 서로 다른 보도를 합니다. 각종 물가와 주거비 등 생활비 상승으로 최저 임금을 대폭 올려야 한다는 주장이 있고, 최저 임금을 올리면 판매나 배달 직원의 인건비를 감당할 수 없어 자영업자들이 망하거나 아르바이트생보다 수입이 줄어들게 된다며 인상하면 안 된다는 주장도 실립니다. 최저 임금에 대한 정반대의 기사가 각각 물가 인상 통계, 자영업자의 수입과 폐업률 등의 자료를 인용하며 서로 객관적 보도라고 내세우지요. 어느 쪽이 객관적 보도일까요?

객관이란 이해 당사자들의 주관적 견해가 아니라 이해관계가 없는 제3자가 바라보는 관점을 말합니다. 그렇다면 어떻게 해야 좀 더 객관적으로 볼 수 있을까요? 우리는 사물을 2차원의 평면으로도 볼 수 있고, 3차원의 입체로도 볼 수 있습니다. 당연히 3차원으로 보는 것이 실감 나고 좀 더 진짜 모습에 가깝게 느껴집니다. 객관적으로 본다는 것은 우리가 사물을 평면이 아니라 입체적으로 보는 것과 같습니다. 우리의 두 눈은 서로 다른 위치에서 사물을 바라보는 원리를 통해 보다 정확히 입체감을 느낍니다. 한 눈을 감고 사물을 보면 입체감이 떨어집니다. 사격이나 바늘귀 꿰기처럼 입체감보다 정확도가 중요한 경우엔 한 눈을 감고 목표에 집중하기도 합니다. 우리가 두 눈으로 입체감을 정확히 느끼는 것처럼, 사물이나 사건을 실제와 가깝게 제대로 보려면 다양한 시각으로 보아야 합니다. 언론을 통해 보는 세상도 마찬가지입니다. 언론사마다 최저 임금에 대한 보도의 시각이 다른 이유는 한쪽은 노동자 입장에서, 한쪽은 기업가나 자영업자 등 사용자 입장에서 보도하기 때문이지요. 모두 각각의 사실을 보도하고 있는 것처럼 보이지만, 장님이 코끼리를 만지는 것처럼 전체가 아닌 부분만을 보여 줄 따름입니다. 객관적인 기사라면 전체적인 모습을 파악할 수 있도록 다양한 관점으로 내용을 전달해야겠지요. 특히 논쟁적인 사안이나 대립하는 두 입장은 한쪽 입장만이 아닌 서로 다른 견해를 함께 보여 주는 것이 보다 객관적인 보도입니다.

2. 객관적 보도의 요건

　많은 언론사는 '불편부당(不偏不黨)'을 강조합니다. 자신들의 보도가 어느 쪽도 편들지 않는 중립적이고 객관적인 보도라는 것인데요. 객관적 방법이 잘 정착된 분야가 과학 연구입니다. 근대 이후 과학 연구는 객관적인 방법론을 채택한 덕분에 비약적으로 발달할 수 있었습니다. 과학에서 객관적 방법이라는 것은 누구인지에 관계없이 조건이 동일한 상황에서 결과가 같아야 한다는 것을 의미하는데요. 과학 실험이 마술과 다른 것은 정해진 방법을 따랐을 때 누구나 똑같이 재현할 수 있다는 점입니다. 과학자의 주장이 새로운 이론이나 학설이 되려면 다른 사람들이 그 주장이 맞는지 틀린지를 확인할 수 있어야 합니다. 의구심을 가진 사람을 믿게 하는 방법은 모든 과정을 공개적으로 보여 주는 것입니다. 과학 연구에서는 이러한 방법론을 '검증 가능성'이라고 합니다. 과학자의 주장을 제3자가 검증할 수 없다면 그 주장은 학설로 받아들여지지 않지요. 과학이 많은 사람들로부터 신뢰를 얻고 발전할 수 있었던 것은 이처럼 객관적으로 검증 가능한 연구 방법론을 확립한 덕분입니다. 신뢰는 검증 가능한 객관적 방법을 요구합니다.

과학 연구에서 지혜를 빌려 오다

19세기 미국에서는 신문 발행이 늘어나고 신문사 간 경쟁이 치열해지면서 언론에 객관적 보도를 도입하려는 시도가 생겨났습니다. 신문이 많아지면서 확인되지 않은 루머도 자주 실렸고, 믿기 어려운 보도들도 늘어났지요. 이런 상황에서 객관적 보도를 내세운다면 상업적으로도 경쟁력을 갖출 수 있다고 생각했습니다. 언론 보도가 신뢰를 얻기 위해서는 과학 연구처럼 객관적 방법론이 필요하다고 생각한 것이지요. 하지만 물리적 연구와 달리 언론이 다루는 사회 현상은 기본적으로 재현이 불가능합니다. 교통사고나 대형 화재, 살인 범죄 등을 과학 실험처럼 현실에서 재현할 수는 없는 일이지요. 사람들로 하여금 사실로 믿게 만들려면 누가 보더라도 확인할 수 있고 재현이 가능해야 할 텐데, 언론 보도에 이러한 객관적 장치를 어떻게 마련할 수 있을까요?

　언론은 과학의 '검증 가능성'을 기사에 적용하게 됩니다. 그것이 바로 '육하원칙'이지요. 범죄 사건이나 화재 사고를 다른 곳에서 제 3자가 그대로 재현하는 것은 불가능하지만, 이를 보도하는 기사에서 누구나 확인할 수 있는 객관적 요소들을 명기하도록 하는 방안이었습니다. 누가(who), 언제(when), 어디서(where), 무엇을(what), 어떻게(how), 왜(why) 했는가를 기사에 명확히 밝히도록 원칙을 정했습니다. 영어권에서는 이 여섯 가지 원칙을 '5W1H'라고 부릅니다. "얼마 전에 서울에서 오래된 건물이 무너져 사람이 다쳤다더라"라는 말은 확인되지 않은 소문에 불과하지만, 언론은 이를 듣고 취재하여 일정한 형식과 내용을 갖춘 기사로 만듭니다. "○월 ○일 새벽 4시 15분께 서울 도봉구 방학동 ○○○번지의 노후한 2층 주택이 붕괴해 잠자고 있던 김○○ 씨(68)가 무너지는 건물 더미에 다쳐 인근 병원으로 후송되어 치료 중이다. 소방 당국은 최근 사흘간 계속된 집중호우로 지반이 약해져 지은 지 35년 된 해당 건물 일부가 붕괴한 것이 사고 원인으로 추정된다고 밝혔다. ○○신문 이하늘 기자"라는 식이지요. 언론은 대형 재난이나 사고와 같은 중요한 사건에는 반드시 생생한 현장 사진이나 영상을 함께 보도합니다. 또한 취재 기자의 얼굴을 비추거나 이름을 기사 끝에 표기합니다. 앵커나 기자를 드러내는 이유도 기사의 객관성과 신뢰도를 높이기 위한 장치이지요. 예로 든 기사는 육하원칙의 요소를 갖추고 있기 때문에 구체적인 내용을 파악할 수 있을 뿐만 아니라, 보도한 내용이 맞는지 틀린지를 확인할 수 있습니다. 과학 실험처럼 재현할 수는 없지만 검증이 가능하도록 육하원칙의 기준에 따라 보도하고 있습니다. 육하원칙은 객관성을 지향하는 언론 보도에 쓰이면서, 이후 기사가 갖춰야 할 필수 요소로 자리 잡았습니다.

객관적 보도의 필요조건과 충분조건

그렇다면 기사에 육하원칙의 요소와 생생한 현장 사진, 취재 기자의 이름을 명확히 밝히면 객관적인 보도가 될까요? 그렇지 않습니다. 앞서 예로 제시한 최저 임금 인상을 다룬 기사처럼 객관적 보도의 요건을 모두 충족시킨 기사들은 많지만, 기사가 전달하는 내용은 언론사마다 다릅니다. 객관적 보도의 요건을 지켰는데, 왜 전달하는 내용은 서로 다를까요? 객관적 보도는 기사의 필요조건이지만, 진실 파악을 위한 충분조건이 되지는 못하기 때문입니다.

새로 출시된 자동차를 사진으로 보도한다고 가정해 봅시다. 자동차를 어떤 각도에서 찍는 것이 가장 정확하고 사실에 가까울까요? 어느 쪽에서 촬영하더라도 가려지는 부분이 있을 테고, 사진으로 전체적인 모습을 전달하는 데는 한계가 있기 마련입니다. 어떠한 현상을 한 번에 완벽히 파악한다는 것은 거의 불가능합니다. 언론 보도도 마찬가지입니다. 아무리 객관적인 기사의 형태를 갖췄더라도 진실과 거리가 있을 수 있지요.

문제는 자신들이 전하는 기사가 사실에 입각한 객관적 보도라고 주장한다는 것입니다. 사소한 것을 중요한 것처럼 보도하거나 우연히 일어난 사고를 조직적으로 계획된 사건으로 보도하는 경우도 있습니다. 단편적인 사실에 근거해 마치 그것이 전부인 것처럼 보도하는 경우도 있습니다. 이런 경우를 '침소봉대(針小棒大)'라고 합니다. 바늘을 커다란 몽둥이처럼 묘사한다는 뜻입니다. 이와 같은 왜곡 보도를 명확하게 틀린 보도, 즉 오보라고 말하기도 쉽지 않습니다. 특정한 의도를 갖고 현실을 비틀어 보도하는 것이 왜곡 보도인데, 교묘하게 자신의 주장에 부합하는 사실만을 끌어모아 보도하기 때문이지요. 또한 가짜 뉴스에는 사실과 거짓이 교묘하게 섞여 있기 때문에 많은 사람들이 진짜 뉴스로 여기고 속기도 합니다. 언론의 왜곡 보도와 가짜 뉴스는 이처럼 거짓이 곧바로 드러나지 않기 때문에 쉽게 가려내기 어렵습니다.

취재는 그 과정에서 무엇을 어떻게 보도할지 선택하고 결정하는 기자의 판단이 따릅니다. 아무리 객관적 보도를 내세운다 하더라도 취재 기자와 언론사의 가치 판단을 거친 결과라는 말이지요. 뉴스를 현명하게 읽으려면 뉴스가 언론사와 기자의 해석과 판단을 거쳐서 '만들어진' 것임을 의식할 수 있어야 합니다. 똑같은 사안도 언론사의 성향에 따라 보도 방향이 달라지게 마련이니까요. 한일전

6장 객관적 언론 보도란 무엇일까

을 평가하는 두 나라 언론의 보도 내용이 다른 것처럼 말입니다.

현명한 대화 방법은 상대가 말하는 내용만이 아니라 그 속에 담긴 의도와 배경까지 헤아리는 것입니다. 언론 보도를 대하는 방법도 마찬가지입니다. 객관적 보도를 지향하는 언론인들도 완벽한 객관주의 보도는 불가능하다고 인정합니다. 하지만 완벽한 진실에 도달할 수 없다고 해서 진실을 향한 추구가 무의미하거나 불가능한 것은 아닙니다. 객관적 보도란 완벽한 진실이라기보다 진실에 가능한 한 가까이 다가간 보도를 뜻합니다. 짧은 기사라도 사건의 전체 모습이 왜곡되지 않도록 요약하여 보여 주는 것이 객관적 보도입니다. 언론은 좀 더 객관적 진실을 추구하는 보도를 지향해야 하고, 독자는 기사를 비판적으로 읽을 수 있어야 합니다. 뉴스를 현명하게 읽는다는 것은 뉴스를 비판적으로 읽는 것에서 시작합니다.

3. 언론 보도의 한계

    월터 크롱카이트는 1962년부터 미국 CBS TV의 대표 뉴스 프로그램인 〈CBS 이브닝 뉴스〉를 20여 년간 진행한 전설적인 뉴스 앵커입니다. 그는 오랜 기간 앵커로 일하면서 뉴스를 객관적이고 충실하게 전달하려 애쓴 덕분에 시청자들로부터 신망과 인기가 대단했습니다. 크롱카이트는 매일 저녁 뉴스를 마무리하면서 "이게 바로 세상의 모습입니다(That's the way it is)"라는 말로 끝냈습니다. 크롱카이트의 말처럼 우리는 앵커와 기자가 전달하는 대로, 즉 미디어가 보여 주는 대로 세상을 보고 받아들이게 됩니다.

    하지만 이 책을 통해 거듭 강조하는 것은, 언론 보도가 모두 100퍼센트 진실은 아니라는 점입니다. 우리가 만나는 언론 보도는 다양한 단계를 거쳐 걸러지고 가공되기 마련입니다. 세상의 무수한 사건과 사고 중에서 언론사가 취재하기로 마음먹은 것, 그리고 그 가운데서도 기자의 눈에 들어오고 취재가 가능하여 선택된 것들이 기자와 언론사의 판단을 통해 해석되고 재구성되어 기사 형태의 말과 글로 만들어지는 것이지요.

공업용 기름 라면, 쓰레기 만두, 중금속 황토팩, 그 진실은?

언론 보도에는 어떠한 한계가 있을까요? 언론은 기본적으로 그 사회의 상식과 현실을 반영합니다. 사회 전체에 잘못 알려진 사실이나 부정확한 정보를 언론 또한 사실처럼 그대로 전달하는 경우가 있습니다. 대표적으로 가습기 살균제 보도를 들 수 있지요. 가습기 살균제는 국내 환경보건 당국의 인증을 받은 제품으로, 2011년에 공식적으로 유해성이 확인되기까지 10여 년간 널리 팔렸습니다. 2011년 11월에야 가습기 살균제에 폐 손상 등 치명적인 호흡기 질환을 일으키는 유독 물질이 포함되어 있음을 당국의 역학 조사가 확인하였지요. 가습기 살균제의 치명적 유독성이 밝혀지면서 그동안 발병 이유를 알 수 없던 사망과 폐 손상의 원인 물질이 드러났습니다. 피해 규모가 눈덩이처럼 불어났고 심각한 사회문제로까지 대두되었습니다. 하지만 그 이전까지 우리 사회에서 가습기 살균제는 실내 공기를 깨끗하게 유지해 주는 가정 필수품으로 통했습니다. 언론도 겨울철 실내 환경을 위해서 가습기 살균제를 추천하는 기사를 적지 않게 내보냈지요. 대부분의 시민들도 가습기 살균제를 쓰는 것이 겨울철 건강 관리에 도움이 된다는 언론 보도를 믿고 가습기 살균제를 구매하였는데요. 이렇게 사회 전체에 잘못된 정보가 퍼져 있어 언론이 이를 그대로 보도하는 경우에는 피해가 더 커질 수 있습니다.

　잘못된 언론 보도로 인한 피해는 드물지 않습니다. 1989년에는 당시까지 수십 년 동안 국내 라면업계 부동의 1위였던 식품업체가 라면을 튀기는 데 '공업용 쇠기름'을 사용했다는 사실이 언론을 통해서 크게 보도되었습니다. 국민 대표 먹거리인 라면에 식용 기름이 아니라 공업용 쇠기름을 썼다는 사실에 소비자들은 분노하고, 대대적인 불매 운동과 반품 사태가 일어났습니다. 해당 식품업체의 주가와 신뢰도는 바닥으로 떨어졌고 탄탄했던 기업은 하루아침에 부도 위기에 몰렸습니다. 검찰이 제보를 바탕으로 발표한 수사 결과는 미국에서는 식용으로 사용하지 않는 쇠기름이라는 것인데, 이는 미국과 한국의 식품 문화가 다른 것이 원인이었습니다. 정부의 식품안전 담당부처에서 정밀 조사를 한 결과, 식용에 전혀 문제가 없는 쇠기름으로 밝혀졌지요. 더욱이 이 회사가 사용한 쇠기름은 경쟁사가 사용하고 있던 식물성 기름보다 원가도 더 비쌌지만 동물성 지방 섭취가 적은 한국 국민을 위해 20년간 사용해 온 문제 없는 기름이었습니다. 하지만 언론은 공업용 쇠기름을 사용해 국민 건강을 위협한 파렴치하고 악덕한 기업이라는 비판 보도를 쏟아 냈습니다. 안전하다는 보건당국의 조사 결과가 나왔고, 나중에 대법원 판결에서도 아무 문제 없는 라면이라고 최종 확인되었지만 해당 식품업체가 입은 피해와 신뢰도 손상은 돌이킬 수 없었습니다. 이 사건은 국내 라면업계의 판도를 바꾸는 결정적 계기가 됐습니다.

1989년 일명 '우지(쇠기름) 파동'은 익명의 투서에 의해 언론 보도로까지 번졌다. '공업용'이라는 용어가 당시 소비자들에게는 '비식용', 몸에 해로운 성분이라고 인식되었다. 언론이 사실 관계를 충분히 확인하지 않은 채 제보 내용을 그대로 보도하는 경우 무고한 사람들에게 엄청난 피해가 돌아갈 수 있다.(《한겨레》 1989년 11월 4일자 11면)

2004년에는 '쓰레기 만두' 소동이 있었습니다. 경찰은 25개 식품 회사가 단무지 공장에서 단무지를 만들고 남는 자투리 무 조각 등을 납품받아 만두 재료로 썼다며 그 명단을 공개했습니다. 그런데 이 자투리 무 조각은 단무지 업체가 사용하기에 모양과 크기가 적당하지 않아 버리는 것이었고, 만두소로 사용하는 데는 문제가 없는 재료였습니다. 하지만 경찰은 다른 업체가 버리는 식재료를 수거해 만두소로 사용한 것이 문제가 있는 것처럼 발표했고, 언론은 버리는 무 조각으로 만두 속을 채웠다며 '쓰레기 만두'라고까지 표현했지요. 많은 국민들이 즐겨 먹는 만두가 쓰레기로 만들어졌다는 경찰의 수사 발표는 충격적이었습니다. 언론이 이 사실을 날마다 집중 보도하면서 파문은 더 크게 번졌습니다. 만두 제품의 판매가 크게 줄었고, 냉동 만두를 냉장고에 보관하던 사람들은 분노하면서 만두를 내다 버렸습니다. 보도가 이어지자 미국과 일본 등에서는 한국산 만두를 수입하지 않는 데까지 이르렀습니다. 명단에 오른 중소 제조업체들은 제품이 안 팔리고 반품이 급증하여 결국 문을 닫았습니다. 한 식품업체 사장이 결백을 주장하는 유서를 남기고 스스로 목숨을 끊는 안타까운 일도 일어났지요.

경찰의 고발로 식품의약품안전처가 조사를 벌였지만, 만두 업체들이 자투리 무를 사용한 것은 식품 안전에 문제가 없다는 결과가 나왔습니다. 법원에서도 만두 업체에 아무 잘못이 없다고 판결을 내렸습니다. 정확한 조사 없이 경찰이 잘못된 수사 결과를 발표하고, 언론이 이를 '쓰레기 만두'라는 자극적인 표현을 써 가며 보도하면서 식품업체들과 소비자들의 피해는 회복할 수 없이 확대되었습니다. 경찰의 잘못된 수사 발표에서 시작됐지만, 언론이 자체 취재 보도와 사실 확인 없이 자극적이고 선정적으로 보도하면서 선량한 피해자를 만들어 낸 사건입니다.

또한 2007년 국내 최대 방송사의 소비자 고발 프로그램은 당시 인기리에 판매되고 있던 황토팩 제품에서 인체에 유해한 중금속이 다량 검출됐다는 보도를 내보냈습니다. 방송 프로그램은 황토팩 가루에 자석을 들이댄 결과 쇳가루가 많이 들러붙는 화면을 내보내면서 황토팩 제조공정에서 기계의 쇳가루가 마모되어 제품에 다량 들어간 것으로 추정된다고 보도했습니다. 그러나 이 방송 보도 내용은 전혀 사실이 아니었습니다. 자석에 들러붙은 물질은 쇳가루가 아니었습니다. 황토 자체에 포함된 산화철이라는 고유 성분이고, 인체에 전혀 해롭지 않은 물질이라는 것이 식품의약품안전처 조사로 확인됐습니다. 하지만 '중금속 황토팩' 방송 프로그램이 보도된 이후 한해 매출이 1700억 원을 넘던 이 회사의 매출은 폭락하였고, 환불 요청이 몰려들면서 회복할 수 없는 타격을 입었습니다. 유명 탤런트가 경영하던 이 업체는 결국 폐업하였고, 탤런트는 우울증에 시달리다가 암으로 끝내 세상을 떠나 주변 사람들을 더욱 안타깝게 했습니다. 법원에서도 나중에 황토팩에 전혀 문제가 없으며 잘못된 보도라고 판결을 내렸지만 이미 엎질러진 물이었지요. 법원 판결에 따라 방송사는 보도가 잘못됐다는 정정 보도를 했습니다. 하지만 파산한 기업체가 되살아나지도, 짓밟힌 명예와 신뢰가 회복되지도 않았습니다.

진실을 밝히려는 용기 있는 언론은 황우석 박사의 줄기세포 조작 논문, 박근혜-최순실 국정 농단 사태처럼 실체가 드러나지 않은 거대한 사회악을 들춰내는 보도를 통해 어두운 곳에 빛을 비추는 역할을 합니다. 하지만 위에서 사례로 든 것처럼 언론이 검증하지 않거나 제대로 확인하지 않고 잘못된 보도를 하는 경우도 있어서 당사자와 사회에 회복할 수 없는 커다란 피해를 끼치기도 합니다.

언론은 영향력이 큰 만큼 뉴스 보도로 인한 선의의 피해도 적지 않습니다. 뉴스는 신속함을 생명으로 하기 때문에 제보나 사건이 발생하면 단기간에 보도하지요. 정확한 확인 과정을 거치지 않고 부정확한 사실이 기사로 보도되어 피해자가 생겨나는 일이 흔합니다. 위에서 예로 든 사례들도 결국 법원이나 대법원의 최종 판결에서 언론의 오보였음이 확인되었고, 라면업체, 만두업체, 황토팩업체 모두 잘못이 없었음이 입증됐습니다. 그러나 언론은 이들 업체가 잘못이 없다는 법원 판결을 원래 고발 보도 때처럼 대대적으로 보도하지 않았습니다. 그래서 많은 사람들의 기억 속에 이들 업체가 보도와 달리 나중에 법원에서 무혐의 판결을 받았다는 사실을 알지 못합니다. 이런 일은 언론에서 아주 흔합니다. 연예인이나 유명인이 범죄 혐의로 경찰 수사를 받고 있다거나 구속되었다는 기

6장 객관적 언론 보도란 무엇일까

사는 크게 보도됩니다. 하지만 나중에 아무 잘못이 없다는 결과나 법원의 무죄 판결 보도는 언론에 거의 보도되지 않지요. 이는 범죄가 발생할 때와 같은 크기로 무죄 판결 기사를 보도하지 않는 언론에도 일부 책임이 있지만, 뉴스의 속성상 무죄 판결 기사가 범죄발생 뉴스만큼 이용자들의 관심을 받지 못하기 때문입니다. 언론의 부정확하고 불충실한 보도 관행은 언론의 편향성과 뉴스 이용자의 성향이 맞물려 쉽게 개선되지 않는 현상이지요.

뉴스는 왜 비판적으로 읽어야 할까

우리나라는 잘못된 언론 보도로 인한 피해를 구제해 주기 위한 제도를 운영하고 있습니다. 언론중재위원회라는 기구를 통해서 잘못된 언론 보도로 피해를 입었을 경우 재판 절차 없이 언론사와 피해자 간의 요구를 조정할 수 있습니다. 잘못된 언론 보도일 경우 정정보도를 하게 하거나 일방적인 언론 보도에 대해 반론 보도를 요청할수 있도록 하고 있지요. 또한 앞서 언급했듯이 범죄 혐의가 있다고 보도됐지만 나중에 무죄 판결을 받았을 때에는 언론사에 무죄 판결 내용을 보도하도록 요구할 수 있는 '추후보도청구권'이 있습니다. 하지만 언론 피해 구제 절차의 효과는 사실 크지 않습니다. 일단 문제가 있다고 보도되고 나면 엎질러진 물처럼 그 내용을 주워 담거나 없던 일로 독자들의 생각을 바꾸는 것이 쉽지 않기 때문이지요.

식품이나 생활용품처럼 객관적 실체에 대한 언론 보도는 그나마 객관적 보도가 비교적 쉬운 영역임에도 언론이 잘못 보도하는 사례가 많습니다. 하물며 서로 이해가 엇갈리는 갈등 사안이나 출신 지역과 배경에 따라 입장이 첨예한 사안에 대한 언론 보도는 객관적 진실을 파악하기가 더욱 어렵겠지요. 원자력 발전소 건립, 고교 평준화 폐지, 최저 임금 인상 등 우리 사회의 중요한 문제는 객관적 답이나 모두를 만족시킬 만한 해결책을 찾기가 어려운 문제들입니다. 이러한 문제를 보도하는 언론은 대개 자신들의 논리에 부합하는 사실들을 찾아 꿰어서 기사로 보도하게 됩니다. 따라서 이러한 사안에 대한 언론 보도는 언론 보도의 한계를 의식하면서 비판적으로 보도 내용을 받아들여야 합니다.

언론 보도는 사실 그 자체일 수 없고, 또 완벽하게 객관적일 수 없다는 것을 살펴보았습니다. 언론은 우리가 세상을 들여다보는 도구입니다. 하지만 언론이 지닌 한계와 속성을 알아야 좀 더 정확하게 세상의 모습을 이해할 수 있습니다. 언론 보도를 현명하게 받아들이는 방법은 뉴스 보도를 비판적으로 읽는 것입니다. 뉴스를 볼 때에는 어떤 배경에서 어떤 의도로 뉴스가 만들어졌는지, 그리고 뉴스에서 사실로 제시한 내용은 믿을 만한 것인지를 검토해야 합니다. 성향이 다른 두 언론 보도를 비교하여 살피는 것은 좋은 방법입니다. 이제 뉴스를 비판적으로 읽는 구체적인 방법에 대해 살펴보겠습니다.

7장

미디어 리터러시 1: 뉴스 제대로 읽기

1. 미디어를 읽는 법이 따로 있다고?

왜 미디어 활용 능력(미디어 리터러시)을 갖춰야 할까요? 이는 마치 왜 계속 국어 공부를 해야 하느냐는 질문과 같습니다. 한글 자모음이나 영어 알파벳을 읽을 수 있다고 해서 한국어와 영어를 마스터했다고 말한다면 얼마나 터무니없나요? 마찬가지로 글자를 읽을 줄 안다고 해서 글의 의미와 맥락까지 제대로 이해할 수 있는 것은 아니지요. 국어 수업은 초등학교부터 고등학교까지 빠지지 않지만, 아무리 배워도 절대 쉽지 않은 과목입니다. 모든 학생이 글을 다루는 작가나 기자가 될 것도 아닐 텐데, 왜 학년이 오를수록 더 어려운 국어 실력을 요구할까요?

여러분이 사회에 나가 스스로 세상을 헤쳐 나가려면 정보를 이해하고 활용할 수 있어야 하는데, 이러한 학습 능력은 글을 읽고 이해하는 능력에 좌우됩니다. 학교를 졸업한 이후에는 미디어를 통해서 세상을 살아가는 데 필요한 정보를 만나게 되지요. 바로 우리가 미디어를 이해하고 활용할 줄 아는 능력인 미디어 리터러시를 갖춰야 하는 이유입니다.

리터러시(literacy)란 글로 이루어진 정보를 읽고 이해하는 능력을 말하는데, 문해력이라고도 하지요. 미디어 리터러시는 크게 두 가지 기능을 수행합니다. 하나는 미디어를 도구로 잘 활용하는 능력을 의미하고, 또 다른 하나는 미디어로 전달되는 내용을 분별력 있게 이해할 줄 아는 비판적 사고력을 의미합니다.

미디어 리터러시는 미디어의 종류만큼이나 다양합니다. 신문이나 방송, 책 등 모든 형태의 미디어에 해당하는 말이지만 주로 신문이나 방송과 같은 언론을 이해하는 능력으로 쓰이지요. 신문이나 방송의 기사와 관련해서는 '뉴스 리터러시'라고 말하고, 소셜 미디어를 제대로 활용하는 능력을 '소셜 미디어 리터러시'라고 말합니다. 최근에는 스마트폰을 이용하여 대부분의 정보를 다루다 보니 디지털 기술과 도구를 활용할 줄 아는 능력을 '디지털 리터러시'라고도 합니다. 여기서는 미디어 리터러시 가운데 뉴스 읽는 법, 즉 뉴스 리터러시에 대해 살펴보도록 하겠습니다.

미디어 리터러시는 왜 필요할까

"아는 만큼 보인다"라는 말이 있습니다. 축구나 야구도 규칙을 알아야 경기가 재미있고, 직접 공을 다뤄 보면 프로 선수들의 플레이가 더 흥미진진해집니다. 미술품을 감상할 때에도 작품에 대한 정보를 아는 것과 모르는 것은 다를 수 있지요. 청소년기는 사회라기보다 학교라는 특별한 곳에서 주로 생활하기 때문에 사회에서 일어나는 다양한 일에 관심이 높지 않습니다. 아직 세상 경험도 적고 복잡한 사건 사고나 변화를 이해하기 어려운 만큼 뉴스에 흥미가 적습니다. 그렇다고 세상에 대해 알려 주는 뉴스가 성인들에게만 필요한 것은 아닙니다. 청소년기는 미래에 무슨 일을 할지, 어떠한 사람으로 살아갈지를 생각하고 탐색하는 시기입니다. 자신의 특성과 적성만이 아니라 사회의 모습과 변화에 대해 생각한다면 자신의 미래를 좀 더 구체적으로 전망할 수 있지 않을까요?

뉴스는 세상을 살아가는 데 필요한 정보와 관점, 미래의 방향을 제시하는 지혜를 제공합니다. 뉴스는 개인과 공동체에 필요한 정보를 골라내고 편집하여 이용자에게 전달합니다. 신문과 방송은 1면이나 저녁 메인 뉴스를 통해 중요한 소식을 보도합니다. 그런데 인터넷과 스마트폰은 뉴스 이용에 커다란 변화를 가져왔습니다. 무엇이 세상을 살아가는 데 필요한 중요한 정보인지를 알지 못한 채 각자의 취향대로 뉴스를 이용하게 되었지요.

스마트폰의 대중화는 기존 미디어 시장의 판도를 바꾼 것은 물론 이용자들의 뉴스와 미디어 이용 방식에도 커다란 영향을 끼치고 있다.

사실 우리는 선정적이고 충격적인 뉴스에 끌리는 경향이 있습니다. 포털의 여러 뉴스 중에서도 눈길을 끄는 기사는 중요하다기보다 흥미로운 뉴스입니다. 중요한 뉴스라고 하면 주로 정치, 사회, 경제 분야에서 생겨난 일이나 변화로 앞으로 많은 영역에 오랫동안 영향을 끼치는 소식들입니다. 중동 산유국들이 석유값을 올리기로 짬짜미를 했다거나, 한국은행이 금리를 0.5퍼센트 인상하기로 했다는 등의 뉴스 말입니다. 석유값이 오르면 기름 한 방울 나지 않는 우리나라에서 석유를 이용하는 모든 산업의 가격이 폭등할 테고 물가 전반에 영향을 미칠 테지요. 금리가 오르면 당장 돈을 빌린 사람들은 더 많은 이자를 내야 할 테고요. 이런 뉴스는 많은 사람들의 실생활과 경제 활동에 커다란 영향을 끼치기 때문에 중요한 뉴스입니다. 하지만 포털에서 사람들이 가장 많이 보는 뉴스는 대부분 스포츠와 연예, 오락 분야의 뉴스들입니다. 포털 뉴스 화면에서 정치, 사회 분야의 뉴스를 선택해 읽다가도 그다음에 이어지는 뉴스는 '인기 아이돌 스타 김 군 알고 보니…', '스포츠 스타 김○○○, 탤런트 △△△와 열애 중' 같은 기사인 경우가 흔합니다.

사실 포털이 제공하는 '많이 본 기사' 목록을 보면, 거의 대부분이 연예인이나 유명인과 관련된 기사이거나 흥미 위주의 사건 사고 기사입니다. 이런 뉴스들은 앞서 정치 경제 분야의 중요한 뉴스와 달리, 각자의 생활이나 경제 활동에 끼치는 영향이 매우 적습니다. 대부분 순간의 호기심과 흥미를 채워 주는 뉴스들이지요. 우리는 왜 자신의 삶에 영향을 끼칠 뉴스보다 순간적인 호기심을 만족시키는 기사에 끌리는 것일까요?

이는 인류의 오랜 진화 과정에서 형성된 '인지적 편향성' 때문입니다. '인지적 편향성'이라니 말이 좀 어렵지요. 좀 더 쉽게 설명해 볼게요. 수만 년 동안 구석기 문화에서 살아온 인류는 신기한 것을 발견하면 머뭇거리지 않고 그것에 곧바로 반응할 때 살아남을 확률이 높았습니다. 맹수의 공격이나 낭떠러지 같은 위험 요소를 발견하면 재빨리 그에 대응하도록 우리의 두뇌와 신체 반응이 발달했지요. 새로운 현상이나 위험한 상황을 만나면 곰곰이 생각하기보다 즉시 반응하도록 만들어졌습니다. 지금도 어두운 곳에서 움직이는 물체를 보면 그것이 무엇일지 따져 볼 틈도 없이 일단 놀라고 두려워하게 됩니다. 현대인의 두뇌와 신체를 구성하는 유전자는 수만 년 전에 살았던 구석기인들의 DNA와 크게 다르지 않습니다. 그래서 진화생물학자들은 현대인을 '양복 입은 구석기인'이라고 말하기도 하지요. 첨단 디지털 문명의 혜택을 누리며 살고 있지만 현대인의 몸과 마음은 구석기 시대의 인류가 형성한 인지적 편향성을 여전히 간직하고 있다는 말입니다.

인류는 진화 과정을 거치며 어떤 현상에 대해 본능적으로 감정적 반응을 먼저 보이는 편향성을 갖게 되었습니다. 사람을 생각할 줄 아는 이성의 존재라 부르지만, 이성은 감정적 반응 뒤에 작동합니다. 현상의 원인이 무엇이고 장기적으로 어떠한 결과를 가져올지 생각하게 하는 이성적 판단은 좋고 싫은 감정처럼 본능적으로 주어지는 것이 아닙니다. 이성적 판단은 사회에서 체계적인 교육과 훈련 과정을 거쳐서 발달되는 능력이지요. 교육과 훈련을 통해서 이성의 눈을 발달시켜야 정보에 담긴 중요한 의미를 읽어 낼 수 있습니다. 바둑이나 체스에서 판세를 읽는 것처럼 말이지요. 시력이 좋다고 바둑을 잘 두는 것은 아닙니다. 기본 규칙을 알고 하나하나의 돌이 다른 돌들과의 관계에서 어떤 의미를 지니는지를 익혀야 바둑의 세계를 이해할 수 있습니다.

세상을 향한 창인 뉴스를 읽는 능력도 마찬가지입니다. 글을 읽을 수 있다고 해서 뉴스에 담긴 다양한 의미까지 읽어 낼 수 있는 것은 아닙니다. 다양한 제도와 관습으로 이뤄진 사회의 복잡한 관계들을 읽어 내기 위해서는 다양한 사회 현상을 접하면서 그 현상이 일어나는 여러 원인과 배경을 이해해야 합니다. 그 지름길은 뉴스와 미디어를 통해 사회를 읽는 눈을 기르는 것이지요. 그러려면 뉴스가 어떻게 만들어지고 구성되는지를 알아야 합니다. 그래서 뉴스의 세계를 제대로 이해하게 되면 세상을 살아가는 데 요긴한 '천리안'을 갖추게 됩니다.

디지털 미디어를 읽는 법

뉴스 읽는 법을 배워야 하는 이유는 인간의 두뇌가 본능적으로 감각적이고 충격적인 정보에 더 민감하게 반응하기 때문이라고 했습니다. 맹수나 자연재해로부터 생명을 보호할 수 있도록 해 준 인간의 생존 본능이지만, 오늘날 우리는 이러한 경향에서 벗어나야 보다 현명한 선택을 할 수 있습니다. 이는 마치 우리 신체가 먹을거리와 영양분이 절대적으로 부족하던 원시 시대에 살아남기 위해 지방이나 당분, 염분을 찾고 최대한 저장하는 방향으로 적응한 것으로도 이해할 수 있습니다. 우리 신체와 입맛은 기름지고 짭짤하고 달콤한 음식을 추구하도록 형성됐지만, 먹을거리가 풍족해진 오늘날에 이러한 인간의 미각과 본능은 비만을 일으켜 건강을 위협하는 요인이 되기도 합니다. 그래서 많은 이들이 건강을 위해 다이어트를 하기도 하지요.

뉴스와 정보를 이용하는 방법도 다이어트와 유사합니다. 감각적이고 충격적인 정보에 즉각적으로 반응하거나 새로운 정보를 적극적으로 받아들이는 태도는 인류의 오랜 역사에서 생존에 유용했던 요소입니다. 하지만 정보와 뉴스가 넘쳐 날 만큼 많아진 오늘날에는 이와 같은 태도가 더 이상 유용하지 않게 되었습니다. 우리는 여전히 똑같은 하루를 살아가고 있지만 무언가를 읽고 쓰고 생각하느라 주의력을 기울일 수 있는 시간이 부족해졌습니다. 하지만 디지털 정보 사회에서는 점점 더 많은 정보가 끝없이 쏟아져 나옵니다. 앞으로 우리에게 필요한 능력은 엄청난 속도와 분량으로 쏟아져 나오는 정보 더미에서 중요한 정보를 가려내어 이용할 줄 아는 것입니다. 뉴스와 정보를 수동적으로 소비하는 사람은 결국 미디어를 만들어 내는 거대한 기업이나 권력이 원하는 대로 소비하고 생각하게 됩니다. 미래 사회에는 스스로 미디어 이용의 주체가 되어 자신과 사회에 필요한 정보와 유용한 뉴스를 찾아 다양하게 활용할 줄 아는 사람이 경쟁력을 갖게 될 것입니다. 그러기 위해서는 미디어와 정보가 어떻게 구성되는지 알려 주는 뉴스의 구조와 속성을 들여다봐야 합니다.

우리는 신문이나 방송, 포털 화면에서 스스로 선택하여 뉴스를 읽는다고 생각합니다. 하지만 우리에게 제공되는 뉴스 묶음은 이미 우리가 선택하기 이전에 특정한 관점을 가진 언론사에 의해서 만들어지고 배열된 뉴스입니다. 뉴스를 제대로 읽어 내는 능력은 누구에게나 매우 유용한 도구이지만 이용자가 주도적으로 뉴스와 미디어를 이용하는 것이 쉽지 않습니다. 신문이나 방송과 같은 매스 미디어는 윤전기와 전파를 통해서 한 번에 수많은 사람들에게 동일한 내용을 전달합니다. 이용자가 TV채널을 선택한다고 해도 매스 미디어가 제공한 메뉴 안에서 고르는 행위일 뿐입니다. 매스 미디어는 이처럼 생산자가 이용과 유통을 주도하는 일방향성, 그리고 이용자의 선택이 수동적이라는 특징이 있습니다. 대표적인 것이 텔레비전이지요. 시청자는 TV를 볼 때 채널을 선택하지만 방송사가 전달하는 내용에 대해서는 반응할 방법이 사실상 없습니다. 내용에 불만이 있어도 TV 전원을 끄거나, 채널을 돌리는 것이 전부입니다.

하지만 TV, 라디오, 신문 등 매스 미디어와 달리 인터넷은 쌍방향성이 특징입니다. 쌍방향성을 지닌 디지털 기기에서 인터넷 미디어를 사용할 때는 이용자에게 많은 선택권과 통제권이 주어집니다. 원하는 대로 다양하게 이용할 수 있으며 참여할 수 있는 영역과 방법도 풍부합니다. 기사에 찬반을 표시하거나 댓글을 달 수 있고, 다른 사람들과 간편하게 공유할 수 있습니다. 내가 원하는 기준대로 새롭게 배열하여 콘텐츠를 읽을 수 있으며, 글쓴이에게 메일이나

댓글을 달아 의견을 표시할 수도 있습니다. 쌍방향 미디어인 디지털에서는 이용자의 권한이 커지기 때문에 이용자가 이용을 주도할 수 있습니다. 하지만 이용자에게 선택권과 통제권이 주어진다고 해서 저절로 적극적이고 주도적인 미디어 이용자가 되는 것은 아닙니다. 선택할 수 있는 미디어와 콘텐츠가 다양한 만큼, 이용자가 이를 활용할 수 있는 능력을 갖추지 못했다면 기존의 매스 미디어를 이용하던 사람보다 더 수동적이고 소극적이게 됩니다.

2. 뉴스 리터러시 기르기

　뉴스 리터러시는 신문 읽기에서 시작된다고 해도 과언이 아닙니다. 신문 기사는 전문 지식 없이도 누구나 읽고 이해할 수 있는 간단하고 명료한 문장으로 구성되어 있습니다. 신문 기사는 객관적으로 작성된 것처럼 보이지만, 기사에 쓰인 문장 표현이나 사진에 담긴 인물의 표정이나 제스처, 제목의 크기와 지면 배치 등은 모두 면밀한 판단을 통해 이뤄집니다. 하지만 신문 기사 안에 담긴 정보와 관점은 결코 가볍지 않습니다. 신문 지면에 담을 수 있는 내용이 한정되어 있어 짧은 문장에 복잡한 사안을 압축해야 하기 때문이지요. 신문 기자의 글쓰기는 복잡한 사안을 짧은 문장에 간단하고 명료하게 표현하면서 기자와 언론사가 하고자 하는 말을 압축하여

담는 작업입니다. 그래서 기사 문장의 표현이나 인물 인터뷰의 발언 등을 이해하기 위해서는 해당 사안에 대한 사전 지식이 필요하지만, 우선되어야 할 것은 기사의 표현 방식이나 논리 전개 방식을 이해하는 능력입니다. 신문 기사를 읽는 학습과 훈련이 필요한 이유입니다.

　신문은 날마다 구독자에게 배달됩니다. 종이 뭉치로 발행되기 때문에 휴대하기도 불편하고 읽고 난 뒤에는 모아서 처리해야 하는 번거로움이 있습니다. 지면에 실을 수 있는 기사의 건수나 기사의 양이 제한되어 있어서 자세하게 이야기를 전달하는 데에도 한계가 있습니다. 특정 시점에 만들어져 배포되기 때문에 실시간으로 뉴스가 업데이트되지 않아 인터넷과 달리 최신 뉴스를 전달하는 데에도 어려움이 있습니다. 하지만 신문의 이러한 단점이나 제한적 환경은 오히려 신문이 다른 어떤 매체보다 뉴스를 뉴스답게 전달하는 역할을 하게 만들었습니다. 인터넷 포털과 소셜 미디어처럼 온라인 뉴스가 가진 효율성에 비해 여러 단점이 있는 뉴스 매체임에도 왜 신문을 통해서 뉴스 보는 법을 배워야 하는 것일까요? 신문이 가진 지면의 한계는 세상의 수많은 일 가운데 독자에게 꼭 전달해야 할 중요한 일을 선별하여 기사로 싣게 합니다. 신문에 실리는 기사는 그날까지 일어난 일들 가운데 새롭고 중요한 것들을 추려서 싣습니다. 하루 단위로 발행된다는 점에서 날마다 새 아침을 맞는 우리의 생활 패턴과도 맞습니다.

신문 기사와 편집에 담긴 의미

  뉴스를 제대로 읽는 법을 배우면 기사의 내용만이 아니라 더 중요한 정보를 파악할 수 있는 능력을 갖게 됩니다. 그런데 뉴스를 제대로 읽는다는 것은 무슨 의미일까요? 신문 기사가 글과 사진으로 이루어져 있지만, 진짜 중요한 의미는 겉으로 드러나지 않는 암호문으로 되어 있다는 말인가요? 아니지요. 신문 기사가 암호로 쓰인 것은 아니지만, 기사에는 바로 드러나지 않는 많은 정보와 규칙, 의도가 담겨 있습니다. 그것을 함께 읽어 낼 줄 알아야 기사가 의미하는 바를 더 잘 이해할 수 있다는 말입니다. 규칙을 모르는 사람이 보면 축구는 사람들이 뛰어다니며 발로 공을 차는 행위일 뿐이고, 바둑은 나무판 위에 흑백의 돌을 번갈아 놓는 행위에 불과합니다.

  신문 기사를 통해 읽어 낼 수 있는 정보와 가치는 매우 다양합니다. 신문에 왜 그 기사가 실리게 됐는지, 또 왜 그 기사의 제목이 그렇게 정해졌는지, 기자와 언론사가 기사를 통해서 전달하고자 하는 의도가 무엇인지를 파악할 수 있게 됩니다. 뉴스 읽는 법을 알게 되면 기사에 사용한 단어와 표현 하나로도 기사가 어떠한 의도로 작성되었는지를 알 수 있습니다. 과거에는 청소년 범죄나 비행을 지적하는 기사에서 '결손 가정 출신'이라는 문구로 마치 가정 환경 때문에 사건이 발생한 것처럼 표현하는 경우가 많았습니다. 하지만 이는 두 가지 측면에서 잘못된 보도입니다. 첫째, 가정 환경이 범죄 원인이 아닐 수 있음에도 결손 가정 출신이라는 점을 강조해 독자들에게 특정한 생각을 갖도록 만드는 잘못된 언론 보도입니다. 둘째, '결손'이라는 표현 자체의 잘못됨입니다. 한쪽 부모로만 이루어진 한 부모 가정에는 부모의 사망이나 이혼, 별거 등 다양한 이유가 있는데, '정상 가정'이라는 것을 상정하고 한쪽 부모가 없는 경우를 '결손 가정'이라 표현한 것이지요. '사생아'나 '혼혈아' 출신이라는 표현을 쓰는 경우도 드물지 않았습니다. 누구도 자신의 출생 환경을 선택할 수 없다는 것에 비추어 보면, 이러한 표현은 부당한 차별적 표현이라고 볼 수 있습니다. 문제 제기가 잇따르자 이제는 '혼외자녀' 또는 '다문화가정 자녀'로 고쳐 쓰고 있지요.

　신문이 기사에서 사용한 하나의 단어에도 해당 언론사와 기자의 가치 판단과 고정관념이 드러나 있습니다. 예를 들어 한동안 한국 남성과 결혼한 외국 여성을 '외국인 며느리'라고 불렀습니다. 만약에 여러분이 국제결혼으로 다른 나라에서 살고 있는데 여러분을 누군가 계속 '한국인 며느리' 또는 '한국인 사위'라고 부르면 어떤 느낌이 들까요? 한국 사회에서 '며느리'는 유독 가정 내 지위가 낮습니다. 같은 사람이 여러 이름으로 불리지만 '아내'나 '어머니'에 비해 '며느리'는 가장 힘이 없는 지위입니다. 이제는 자신의 주체적 결정에 따라 결혼을 선택한 '국제결혼 이주여성'으로 부릅니다. 단어 하나에 담긴 의미를 파악해내면 표현하는 사람과 그 사회가 어떠한 가치관을 갖고 있는지를 알 수 있습니다.

오늘날도 같은 내용의 기사에서 대상을 다르게 지칭하는 경우를 흔하게 볼 수 있습니다. 노동력을 제공하고 그 대가로 임금을 받아 생활하는 사람을 가리켜 '노동자'와 '근로자'로 다르게 표현하지요. '노동 조건'과 '근로 조건'도 마찬가지입니다. '근로(勤勞)'라는 단어에는 '부지런히 일함'이라는 의미가 담겨 있습니다. 근로자는 부지런히 일해야 한다는 가치 판단이 들어 있는 것이지요. '노동(勞動)'에는 '부지런히'라는 의미가 없어 보다 가치중립적인 단어라고 할 수 있습니다. 이 용어들은 일상생활에서 대개 구분 없이 사용되지만 동일한 대상을 어떤 단어로 표현하는가는 해당 언론사와 기자의 관점이 어떠한가를 드러낸다고 볼 수 있습니다.

국어 시간에는 주로 글의 주제와 글쓴이의 의도를 파악하기 위해 노력합니다. 신문 읽기도 이와 비슷합니다. 여러분이 국어 시간에 읽기와 쓰기, 독해력을 공부하는 이유도 글을 이해하고 활용하는 능력을 기르기 위해서입니다. 이러한 능력이 앞으로 사회생활을 하는 데 무엇보다 중요하기 때문이지요. 국어 교육의 진정한 목적은 성인이 되어 신문이나 책, 각종 서류를 읽거나 작성할 때 의미를 정확히 파악하고 자신의 생각과 감정을 제대로 전달하는 소통 능력을 길러 내기 위함입니다. 다만 국어 교과서나 시험의 지문과 달리 신문 기사에는 사회 현실의 구체적인 문제와 관련된 '살아 있는 지문'이 실립니다. 최저 임금 인상이나 원자력 발전소 건설 등과 같이 첨예하게 갈등을 겪는 문제에 대해 정치인, 경제인, 노동자, 시민운동가, 지역 주민 등 다양한 사람들의 목소리가 신문에 실리지요. 이를 통해 현재 우리 사회가 어떠한 갈등을 겪고 있는지를 보여 줍니다. 물론 신문을 통해서 읽어 내야 하는 것은 단순히 어떠한 문제가 있는지를 아는 것에 그치지 않습니다. 왜 갈등이 벌어지는지, 갈등을 해결하기 위해 어떻게 해야 할지를 파악하는 것까지입니다. 어쩌면 날마다 일종의 국어 시험을 치르는 것이라고 할까요?

난생처음 새로운 곳으로 여행이나 탐험을 떠나는 사람이 아무 준비 없이 출발할 수 있을까요? 먼저 무엇을 위한 여행인가를 생각하고, 가려는 곳의 지도를 구해서 여행의 윤곽을 그려 보겠지요. 언론은 우리가 드넓은 세상을 여행하는 데 도움을 주는 지도와 안내 책자 같은 역할을 합니다. 그중에서도 신문은 우리에게 날마다 내가 사는 곳의 중요하고 새로운 소식을 알려 줍니다. 신문에 담긴 정보를 읽어 내는 능력을 갖추면 세상에서 어떠한 일들이 일어나는지, 우리 사회가 어느 방향으로 가는지를 알 수 있어 앞으로 내가 무엇을 해야 할지를 생각하는 데에도 도움을 얻을 수 있습니다.

편집에 담긴 의도를 읽는 법

신문을 제대로 읽어 내기 위해서는 신문의 특성과 신문 기사의 내용과 구조를 알아야 합니다. 하루치 신문은 당일의 사건과 사고 기사의 단순한 묶음이 아닙니다. 앞서 살펴본 것처럼 수많은 소식 가운데 무엇이 뉴스가 되는지에 대한 가치 판단과 신문사의 관점이 반영되기 마련이지요. 그래서 신문이 어떻게 '편집'되어 있는지를 이해하는 것이 중요합니다. '편집'의 사전적 의미는 '일정한 방침 아래 여러 가지 재료를 모아 신문, 잡지, 책 따위를 만드는 일'입니다. 편집된 신문 지면은 매우 정교하고 적극적인 판단의 결과이고, 편집된 지면은 그 자체로 강력한 메시지를 담고 있습니다. 그래서 신문을 읽는다는 것은 사실 기사 자체의 내용보다 편집을 읽는 행위라고도 말할 수 있습니다.

신문 편집은 주로 기사의 선택과 배치, 제목의 크기와 단어 선택, 사진과 그래픽 요소의 활용으로 구성됩니다. 신문 편집을 읽어 낸다는 것은 바로 신문이 만들어지는 문법과 표현 방식을 이해한다는 의미입니다. 인터넷으로 뉴스를 볼 때 우리가 특별히 주의를 기울이지 않아도 만나게 되는 뉴스는 어떤 것일까요? 바로 포털 첫 화면에 있는 뉴스일 테지요. 첫 화면에 배열되는 뉴스는 일부러 찾아보려고 애쓰지 않아도 자연스럽게 많은 사람에게 노출됩니다. 신문이나 방송 뉴스도 마찬가지입니다. 신문 1면에 실리는 기사, 방송이 시작되자마자 앵커가 처음 내보내는 뉴스는 가장 많은 사람에게 전달됩니다. 신문사에서는 매일 편집회의를 열어 그날의 주요 기사를 어떻게 보도할지 토론하는데, 회의 대부분은 '수많은 뉴스 중에서 어떤 기사를 내일 치 신문 1면에 머리기사로 올릴까'에 관한 토론입니다. 신문사에서 오래 일한 전문가들이 모여서 어떤 뉴스를 머리기사로 선택할지, 주요 기사를 어떤 관점에서 보도할지를 논의한 결과가 신문 편집으로 만들어집니다. 신문을 본다는 것은 바로 이러한 가치 판단과 선택의 결과인 '편집'을 읽는 것입니다.

신문 편집을 읽어 내려면 신문을 만드는 사람들의 의도를 파악할 수 있어야 합니다. 대화할 때에도 대화 내용 못지않게 중요한 것이

신문 1면은 각 신문사의 관점이나 성향을 드러낸다. 사진은 2018년 6월 12일에 싱가포르에서 열린 북미 정상회담을 보도하는 두 신문사의 다음 날 기사 1면이다. 〈경향신문〉(왼쪽)은 "적에서 동반자로 한반도 평화 첫발"이라는 제목을, 〈조선일보〉(오른쪽)는 "트럼프, CVID 빼놓고 '한미훈련 중단'"이라는 제목을 달아, 동일한 사건에 대해 서로 다른 관점을 드러낸다.

말하는 사람의 의도를 파악하는 것인데요. 같은 사안이라도 신문사마다 편집된 지면이 다른 이유는 그 의도가 다르기 때문입니다. 지면에 담긴 편집을 읽어 낼 수 있다면 그 의도를 파악할 수 있게 되어 보다 비판적으로 뉴스를 받아들일 수 있게 됩니다.

신문 기사에 담긴 의도를 읽어 내는 손쉬운 방법은 보도 지향이 다른 두 신문을 비교하여 읽는 것입니다. 예를 들어 진보적 논조를 띤 〈한겨레〉, 〈경향신문〉과 보수적 논조를 띤 〈조선일보〉, 〈중앙일보〉, 〈동아일보〉 등을 비교한다면 좀 더 명확하게 그 차이를 살펴볼 수 있겠지요. 동일한 사안을 어떻게 다른 관점으로 보도하고 해설하는지를 파악할 수 있게 됩니다. 하지만 날마다 두 종류의 신문을 비교하며 읽을 시간이 어디 있냐고 반문할지 모르겠네요. 하루 대부분을 신문 읽느라 보낼 수는 없는 노릇이지요. 하지만 반드시 두 종류의 신문에 실린 기사 전체를 비교하여 읽어야 한다는 말은 아닙니다. 보도 방향이 다른 두 종류의 신문을 읽는 주된 동기는 두 신문의 논조를 비교하여 살펴보기 위한 것입니다. 이렇게 신문을 비교하여 살펴보는 것은 사람들이 세상을 바라보는 관점의 차이를 파악할 수 있게 하기도 하니까요.

그리고 신문은 되도록 1면부터 읽는 것이 좋습니다. 신문을 요령 있게 보는 방법은 모든 기사를 읽는 것이 아닙니다. 신문을 한 장 한 장 넘기면서 어떤 기사들이 실렸고, 그중에서 어떤 기사들이 크게 다뤄졌는지, 요즈음은 어떤 인물이나 사건이 화제인지를 살펴보는 것이 신문 읽기의 첫 번째 요령입니다. 신문을 넘기면서 훑어보다가 자신이 흥미를 갖는 주제나 관심 있는 기사를 찾아 읽으면 됩니다. 사실 대부분의 독자가 이런 방식으로 신문을 읽지요. 하지만 이 방법에서 나아가 좀 더 현명하게 신문을 읽는 방법은 신문 1면에 실린 기사를 모두 살펴본 뒤에 다음 장을 넘기는 것이에요. 신문 1면에 실린 기사는 신문사가 수많은 기사 중에서도 정말 중요한 기사라고 생각하는 것만 배치하기 때문이지요. 일반적으로 1면에는 서너 건 정도의 기사가 실리는데, 어제 일어난 사건이나 이슈 가운데 가장 중요하고 생생한 사진을 한 장 게재합니다. 신문 1면은 우리 사회의 하이라이트 순간을 찍은 스냅 사진이라고 보면 됩니다. 그 뒤부터는 신문을 차례차례 넘기면서 각 면의 머리기사 제목을 보면서 어떤 주제를 다뤘는지를 살펴보는 것입니다. 이렇게 제목 위주로 읽으면 두 종류의 신문을 보는 데에도 시간이 오래 걸리지 않습니다. 효율적으로 우리 사회의 중요한 문제에 대한 자신만의 생각을 형성할 수 있게 됩니다.

기사 제목은 판단의 결정체

신문을 읽을 때 주의 깊게 보아야 할 것이 제목입니다. 신문사에는 편집 기자라는 특별한 일을 하는 기자가 있습니다. 주로 제목을 달고 기사를 배치하는 일을 하지요. 신문 1면에 기사를 배치하는 일은 서너 건의 기사를 사진과 함께 보기 좋게 늘어놓는 일인데, 수고롭지 않은 일입니다. 제목은 보통 15자 안팎으로 기사의 핵심을 담아서 큰 글씨로 넣습니다. 신문사 편집 기자는 신문 한 면에 실리는 기사 서너 건을 읽고 15자 안팎의 제목을 다는, 즉 100자도 안 되는 문장을 쓰는 것이 하루 일의 전부이다시피 하지요. 익숙해지면 몇십 분 안에 끝낼 수 있는 일로도 보입니다. 왜 신문사에서는 편집 기자에게 고작 기사 서너 개의 제목을 다는 일을 맡길까요?

신문 기사의 제목은 상품 광고의 메시지와 같은 역할을 합니다. 아무리 제품이 좋아도 광고를 통해 사람들에게 매력 있게 보이지 않으면 인기를 얻기 어렵습니다. 카피라이터는 광고 카피 한 줄을 뽑아내기 위해서 수십 일 동안 아이디어를 고민합니다. 그렇다고 수십 일 동안 일한 결과가 겨우 광고 카피 한 줄이냐고 아무도 말하지 않지요. 신문 기사의 제목은 상품 광고처럼 기사라는 제품을 소개하고 독자들을 유혹하여 읽고 싶게 만드는 역할을 합니다. 편집 기자 한 사람이 혼자서 제목을 결정짓는 것으로 끝나지 않고 신문사의 여러 전문가가 함께 모여서 고르고 고른 결과가 기사 제목으로 결정됩니다. 각 지면의 기사 제목은 짧지만 뉴스 전문가들의 생각이 집약되어 있는 '판단의 결정체'입니다. 그래서 신문을 읽는다는 것은 편집과 제목을 읽는 것이고, 이는 뉴스 전문가들이 만든 고도의 판단을 읽는 것입니다.

기사 제목은 비록 짧게 압축되어 있지만, 많은 정보를 담고 있습니다. 기사 제목의 의미를 제대로 읽어 내자면 훈련이 필요한데, 이는 언어의 표현법을 익히는 것이기도 합니다. 기사 제목은 광고 카피처럼 직설적 표현만이 아니라 다양한 의미를 압축한 상징적 표현을 많이 쓰기 때문에 풍부한 어휘와 표현법에 대한 이해를 필요로 합니다. 신문 기사나 제목에서 '무려', '고작', '겨우' 등의 부사를 쓰는 경우가 있습니다. 일상에서 흔히 쓰는 표현이지만, 객관적으로 정보를 전달해야 하는 뉴스에서 가치 판단을 포함한 부사를 쓴다는 것은 기사에서 공개적으로 의도를 드러내는 행위입니다. 독자로 하여금 스스로 판단하게 하기보다 표현이나 어감을 통해서 언론사의 의도를 주입하려는 행위이기 때문에 바람직하지 않은 보도입니다.

　　기사 제목과 표현에 유의하여 읽다 보면, 우리말이 지닌 다양한 표현법과 상징적 기법에 친숙해지게 됩니다. 나아가 언어 표현에 민감해지고 뉘앙스가 다른 미묘한 단어의 차이를 식별하는 능력을 갖게 되지요. 이러한 언어 민감도는 비단 신문 기사의 의미를 제대로 읽어 내는 데에만 유용한 것은 아닙니다. 살아가는 데 있어 적확하고 아름다운 언어를 사용하는 능력을 기르는 데에도 쓸모가 있지요. 기사 제목은 같은 표현을 어떻게 다르게 쓰고 읽는지 알려 주는 흥미로운 학습 자료인 셈입니다.

3. 내 관심사와 남의 관심사 중 무엇이 더 중요할까

    신문을 볼 때 나의 관심사와 다른 사람들의 관심사 중에 무엇을 위주로 읽는 것이 맞는 방법일까요? 두 가지 모두 필요하고 옳은 방법입니다. 그리고 두 가지는 서로 관련되어 있습니다. 사람을 '사회적 동물'이라고 하지요. 사회 속에서 다른 사람들과 관계를 이루며 살아갑니다. 우리의 행복과 불행은 대부분 사람들과의 관계에서 빚어집니다. 직업도 내가 그 일을 얼마나 좋아하고 잘할 수 있는가에 따라 좌우되지 않지요. 오히려 내가 얼마나 다른 사람들의 필요와 욕망을 충족시키는가에 따라 그 일의 중요성과 사회적 대우가 달라집니다. 나의 생각 못지않게 함께 살아가는 사람들이 내가 하는 일을 어떻게 여기느냐 하는 점도 영향을 끼치게 되지요. 다른 사람들의 관심사를 이해하는 능력은 각자의 행복한 삶과 성공을 좌우하는 중요한 힘이 됩니다. 신문은 우리에게 다른 사람들이 무엇에 관심을 갖고 사는지, 우리 사회가 무엇을 중요하게 다루고 있는지를 한눈에 보여 주는 지도입니다.

다른 사람의 생각을 읽는다는 것

만약 상품을 만들어 판매한다거나 주식 투자로 돈을 벌고자 할 경우, 나의 관심사와 다른 사람의 관심사 중 무엇이 더 중요할까요? 판매하는 상품이나 투자하려는 기업에 대한 자신의 확신이 성공적 결과로 이어질까요? 그렇지 않습니다. 상품 판매나 주식 투자는 나의 생각보다 다른 사람들의 선호와 평가가 더 중요합니다. 그래서 제품을 만드는 기업이나 투자 분석가들은 시장 조사와 고객 인터뷰를 통해 사람들이 무엇을 좋아하고 필요로 하는지를 끊임없이 연구합니다. 신문과 방송에서 다루는 뉴스는 사람들이 무엇을 중요하게 여기는지를 알려 주는 거울과 같은 역할을 합니다.

멜 깁슨이 주연을 맡은 영화 〈왓 위민 원트(What women want)〉는 여성용품을 홍보하는 광고 회사의 남자 직원이 주인공으로 등장합니다. 평소 업무 실적이 낮아 어려움을 겪다가 우연한 감전 사고로 신기한 능력을 갖게 되는데요. 여자들의 마음을 읽을 줄 아는 능력을 갖게 되면서 직장에서 엄청나게 성공한다는 에피소드를 소재로 한 영화이지요. 신문 읽기도 이 영화 속 사례와 비슷합니다. 신문 읽기는 단순히 최신 정보를 습득하는 것만이 아니라, 다른 사람들의 생각을 읽는 거울과 같은 도구이기도 합니다.

　신문 읽기는 다양한 주제에 대한 정보를 제공해 상식이 풍부하고 교양 있는 사람으로 만들어 줍니다. 신문 읽기를 통해 상식과 교양을 갖추면 사람들과 대화할 수 있는 화제가 많아져 소통과 공감 능력이 향상되기도 합니다. 요즘은 스마트폰이나 인터넷, 소셜 미디어를 통해 뉴스를 읽게 되면서 많은 변화가 일어나고 있습니다. 청소년이나 성인 할 것 없이 그 어느 때보다 많은 뉴스와 정보를 소비하고 있지요. 하루에도 여러 뉴스를 접하지만 스마트폰이나 인터넷으로 볼 때는 자신이 좋아하는 뉴스 위주로 소비하게 됩니다. 대

(단위 : %)

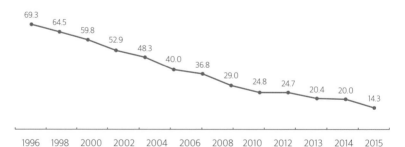

〈신문 정기구독률 추이〉, 한국언론진흥재단, 2015

부분이 기사를 한 건씩 읽기 때문에 한 면씩 넘기면서 지면의 편집 의도와 방향을 함께 읽게 되는 신문과 달리 내가 읽고 있는 뉴스가 어느 언론사가 작성한 기사인지 의식하지 못하는 경우가 많습니다. 또한 포털은 '인기 검색어', '많이 본 기사' 등의 메뉴와 연계해 뉴스 서비스를 제공하는데 이는 더 많은 페이지 클릭이 일어나는 방향으로 기사를 배열하는 결과를 낳습니다. '무슨 뉴스가 중요한가'보다 '이용자들이 어떤 뉴스를 더 많이 선택하느냐'가 인터넷 뉴스 서비스에서는 중요하지요. 우리가 인터넷에서 '가장 많이 본 기사'와 '댓글 많은 기사'를 읽는 것도, 인기 검색어를 찾는 이유도 다른 사람들이 관심 쏟는 것을 이해하고자 하는 동기입니다.

기대를 모았던 맞춤형 뉴스는 왜 실패했을까

인터넷은 이용자에 관한 다양한 통계와 사용 기록을 활용할 수 있기 때문에 각자의 관심사를 반영한 맞춤형 서비스가 가능합니다. 취향이나 관심사가 제각각인 사람들에게 같은 뉴스를 공급하는 신문이나 방송과 달리 인터넷은 기술적으로 얼마든지 사용자별로 맞춤화된 뉴스를 만들어 제공할 수 있습니다. 인터넷에서 광고 효과가 높은 것은 바로 이러한 사용자의 관심사와 특성을 반영한 맞춤형 광고 기술 덕분입니다. 대머리 치료 효과에 좋다는 약품 기사를 검색하는 50대 남성 독자에게는 발모제 광고를 띄우고, 신혼 여행지를 검색하는 20대 여성에게는 호텔과 쇼핑 광고를 보이게 합니다. 인터넷의 상업적 성공을 이끈 요인의 하나가 바로 이러한 이용자 맞춤형 기술 때문입니다.

맞춤형 서비스가 인터넷 광고에서 효과를 입증한 덕분에 많은 사람들은 인터넷 뉴스 서비스에서도 맞춤형 뉴스가 '기성품'을 제공하는 기존의 매스 미디어를 능가하는 새로운 대세가 될 것이라고 기대했습니다. 하지만 결과는 딴판이었지요. 실제로 인터넷 초창기인 2000년대 초반에는 다양한 맞춤형 뉴스 서비스가 등장했지만, 그 어느 곳도 성공하지 못했습니다. 오래지 않아 거의 모든 맞춤형 뉴스 서비스는 자취를 감췄습니다.

인터넷의 맞춤형 서비스가 광고에서는 효과적인데, 뉴스 서비스에서는 왜 전혀 효과를 보지 못했을까요? 이는 뉴스 서비스의 본질이 무엇인지를 알게 합니다. 독자가 특정 신문을 구입하는 것은 그 신문에 실린 정보 자체보다 해당 신문의 편집진이 선별해 낸 정보의 배열과 가치 판단까지 구매하는 행위입니다. 또한 사람들이 신문을 읽고 방송 뉴스를 시청하는 주요한 동기는 새로운 정보를 얻기 위한 것 못지않게 '다른 사람들이 무엇을 중요하게 생각하고 있는가'에 대한 궁금증 때문입니다. 매스 미디어를 통해 전달받는 뉴스는 내가 원하는 정보가 아니라 결과적으로 다른 사람들이 모두 알게 되는 내용입니다. 매스 미디어의 영향력도 다수의 대중에게 똑같은 메시지를 전달한다는 점에서 생겨나지요. 물론 모든 사람들이 알고 있는 뉴스와 정보만으로는 충분하지 않습니다. 인터넷 환경에서 현명한 뉴스 읽기는 나의 관심사와 다른 사람들의 관심사를 효율적으로 파악하는 것입니다. 그러자면 우선 다른 사람들이 무엇에 관심을 갖는지를 파악하고, 그다음에 자신이 필요로 하고 좋아하는 뉴스를 적극적으로 찾아보는 것이 좋습니다.

8장

미디어 리터러시 2: 가짜 뉴스 선별법

ary
like
rust,
ness
Mus-
tivals

just returned from

also planned to have

mountaineers and

US and UK. It was

together in Musso

trut

1. '진짜'보다 더 진짜 같은 '가짜'

　'가짜 뉴스(fake news)'가 세상을 떠들썩하게 만들고 있습니다. 2016년 12월 미국 대통령 선거에서 여론조사 기관과 유권자들의 예상이 뒤집히는 대이변이 일어났습니다. 정치 경력도 없고 미국 정치권과 여론 주도층으로부터 전혀 인정받지 못하던 인물인 도널드 트럼프 공화당 후보가 45대 미국 대통령으로 당선된 일입니다. 막말과 거친 표현을 일삼아 선거 운동 기간 미국 공화당 의원들은 자기 당의 대통령 후보인 트럼프 당선을 위해 적극적으로 뛰는 대신 도저히 트럼프를 지지할 수 없다며 지지 거부를 선언했을 정도입니다. 〈뉴욕 타임스〉 〈워싱턴 포스트〉를 비롯한 많은 신문은 트럼프가 대통령이 되면 절대 안 된다며 반대 입장을 잇따라 밝혔지요. 유권자들은 언론 보도를 통해서 대통령 선거에 관한 뉴스와 정보, 의견을 접하고 이를 근거로 판단하고 결정합니다. 트럼프 후보가 공화당 동료 의원들의 반대와 언론의 공식적인 비판 속에서도 경쟁 후보인 민주당의 힐러리 클린턴을 꺾고 미국 대통령으로 당선된다는 것은 거의 불가능한 일로 예측되었습니다. 그런데 막상 뚜껑을 열어 보니 모두의 예상을 뒤엎는 결과가 나타난 것입니다.

오보와 가짜 뉴스의 차이

도대체 무슨 일이 있었기에 트럼프는 이런 열악한 상황 속에서 미국 대통령으로 당선될 수 있었을까요? 대이변으로 기록된 2016년 미국 대통령 선거에서는 과거의 선거 운동에서 볼 수 없던 새로운 현상이 있었습니다. 많은 유권자들 사이에 기성 정치권을 혐오하는 정서가 있었다는 것이 트럼프라는 정치 이단아를 선택한 배경이 되었지만, 거기에는 페이스북과 같은 소셜 미디어에서 유통된 가짜 뉴스의 영향력도 상당했습니다. 실제로 2016년 미국의 대통령 선거 운동 기간에 프란치스코 교황이 트럼프 후보를 공개적으로 지지했다거나, 힐러리 클린턴 후보가 테러 단체인 이슬람 국가(ISIS)에 무기를 판매했다는 식의 거짓 뉴스가 유권자들에게 널리 확산되며 사실로 받아들여지는 일이 일어났습니다. 사실이 아닌 내용이 뉴스로 포장되어 전달된 가짜 뉴스였지요.

세상에는 언제나 거짓말로 사람들을 현혹하는 사기꾼이나 사이비 지도자가 있었고, 헛소문과 유언비어도 존재했습니다. 문제는 2016년 미국 대선에서는 가짜 뉴스가 당선되기 어려울 것이라고 예상한 후보를 미국 대통령으로 만드는 데 실제로 상당한 영향을 끼쳤다는 점입니다. 어떻게 이런 일이 일어날 수 있었을까요?

사실 신문에 100퍼센트 정확한 사실만 실리는 것은 아닙니다. 신문은 정정 보도를 통해 보도된 내용의 실수와 오류를 수정하기도 합니다. 앞서 살펴본 것처럼, 발표 자료에만 의지한 채 보도하거나 정확한 취재 과정 없이 이해 당사자 한쪽의 일방적 주장만 전달했다가 오보로 드러나는 경우도 있지요. 하지만 이런 경우를 가짜 뉴스라고 부르지는 않습니다. 잘못된 보도, 사실과 다른 보도는 '오보'이지 '가짜 뉴스'는 아닙니다. 오보와 가짜 뉴스의 차이는 무엇일까요?

바로 '의도가 있느냐 없느냐' 하는 점이 가장 큰 차이입니다. 오보는 언론이 결과적으로 잘못된 보도를 한 경우이지만, 가짜 뉴스는 처음부터 고의적으로 만들어 낸 거짓 정보입니다. 오보와 가짜 뉴스의 공통점은 둘 다 거짓 정보라는 점이지만, 가짜 뉴스는 뉴스의 모양을 띠고 언론사의 진짜 보도인 것처럼 유통된다는 것이 다릅니다.

미국 대통령 선거에서 가짜 뉴스가 충격을 준 점은 뉴스로 포장

Pope Francis Shocks World, Endorses Donald Trump for President

Reports that His Holiness has endorsed Republican presidential candidate Donald Trump originated with a fake news web site.

2016년 미국 대통령 선거를 앞두고 페이스북에서 널리 유통된 "프란치스코 교황이 공화당 트럼프 후보를 지지한다"는 가짜 뉴스의 사례. 프란치스코 교황은 가짜 뉴스에 대해 이브를 유혹한 뱀에 비유해 비판하였다.

된 황당한 거짓말이 등장했다는 사실이 아니라, 아주 많은 사람들이 가짜 뉴스에 속았다는 사실입니다. 대통령 선거 운동 3개월간 페이스북과 같은 소셜 미디어에서 가짜 뉴스는 '좋아요'와 '공유' 바람을 타고 기성 언론 보도보다 더 많이 조회되었다는 사실이 확인됐습니다. 왜 미국 사람들은 그렇게도 많이 가짜 뉴스에 속았을까요? 과학기술이 발달한 21세기 디지털 시대에, 그것도 세계 선진국이라 불리는 미국에서 가짜 뉴스에 현혹당해 대통령을 뽑는 어리석은 사태가 벌어진 까닭은 무엇일까요? 스마트폰과 인터넷이라는 편리하고 똑똑한 정보 도우미를 지닌 세상에서 왜 가짜 뉴스의 영향력은 더욱 커진 것일까요?

가짜 뉴스의 영향력은 바로 이러한 도구의 편리함 때문에 더욱 커졌습니다. 여기에 디지털 시대에 무엇보다 중요한 '비밀'이 자리 잡고 있습니다. 도구와 기술은 편리하고 똑똑해서 더욱 강력해졌지만, 그 도구를 사용하는 사람은 현명해지지 않았기 때문이지요. 인터넷과 소셜 미디어라는 새로운 언론과 미디어에 대해 사용자들이 제대로 이해하지 못한 채 사용하다가 벌어진 결과가 가짜 뉴스의 확산으로 나타나는 것이지요. 그래서 가짜 뉴스 사태는 미국의 대통령 선거에서 일어난 '강 건너 불'이 아니라, 소셜 미디어와 인터넷을 사용하는 사람들 모두에게 무엇이 중요한지를 알려 주는 본보기입니다.

가짜 뉴스는 왜 소셜 미디어에서 확산됐을까

가짜 뉴스의 확산은 모바일 환경에서 소셜 미디어가 뉴스 유통의 주요 도구로 자리 잡은 데 따른 현상입니다. 모바일 환경에서 스마트폰과 소셜 미디어가 주된 미디어 이용 수단이 되었다는 것은 신문이나 방송 등 기존 뉴스 미디어와 다른 방식으로 뉴스 소비가 일어난다는 것을 뜻합니다. 단지 신문과 방송의 영향력이 줄었다는 것만이 아니라, 사람들이 미디어를 이용하는 방법이 달라지고 그로 인해 생각하는 방식과 여론이 만들어지는 과정도 변한다는 것이 중요합니다. 소셜 미디어를 통한 뉴스 이용은 아래와 같은 변화를 가져왔습니다.

첫째, 뉴스 이용이 개인적인 차원에서 이뤄진다는 것입니다. 신문과 방송 등의 매스 미디어는 언론인이 만들어 낸 뉴스 콘텐츠의 내용이나 편집 방침을 이용자가 무시하거나 외면하기 어려웠습니다. 신문은 1면부터 각 면에 실린 주요 뉴스의 제목이나 편집된 기사를 순서대로 읽게 되고, 방송 뉴스는 앵커가 전하는 순서대로 뉴스를 시청하게 되지요. 매스 미디어 생산자가 중요도와 적절성, 편집 방침에 따라 선별하고 배치한 뉴스를 따르는 방식입니다. 수용자마다 취향과 관심이 달라도 매스 미디어가 전달하는 공통된 정보와 지식을 갖게 됩니다. 하지만 스마트폰과 소셜 미디어에서는 개인이 각자 선호하는 뉴스를 적극적으로 이용합니다. 신문과 방송처럼 뉴스의 편집을 차례차례 따르지 않습니다. 이는 자칫 공공의 문제에 대한 뉴스보다는 각자의 흥미를 만족시키는 뉴스 위주로 이용하게 만듭니다. 뉴스를 편식하게 되는 것이지요. 결국 뉴스가 만들어지게 된 전후 맥락을 알기 어려워 편향된 정보를 그대로 받아들이게 됩니다.

둘째, 뉴스가 제공하는 정보의 형태와 출처가 뒤섞인다는 점입니다. 스마트폰과 소셜 미디어의 정보는 뉴스와 콘텐츠가 뒤섞여 있습니다. 뉴스 생산자가 제공하는 편집 형태를 고집할 필요가 없기 때문에 이용자가 편리한 대로 사용하지만, 동시에 이러한 이유로 정보의 출처와 의도에 대해 이용자가 그다지 신경 쓰지 않도록 만듭니다. 모바일 화면에서 뉴스를 읽는 일은 편리합니다. 한곳에서 다양한 언론사의 뉴스를 손쉽게 볼 수 있으니까요. 많이 본 기사나 댓글 등 독자의 반응이나 의견도 함께 살펴볼 수 있습니다. 한 언론사 뉴스를 보다가 반대되는 논조의 언론사 뉴스를 비교하여 읽을 수도 있고, 링크를 통해 관련된 다양한 정보를 이용자가 주도적으로 탐색할 수 있습니다. 하지만 이러한 편리한 이용은 이용자가 주의를 기울이지 않으면 대가를 치르게 됩니다. 과거 신문과 방송 위주의 미디어 이용에서는 뉴스의 출처와 편집 방향에 대한 이용자의 주의력과 의식이 예민했지만, 이제는 달라졌습니다. 이용자들은 포털이나 소셜 미디어에서 다양한 출처의 수많은 뉴스를 읽지만 해당 뉴스의 출처가 어디인지 기억하지 못하거나 의식하지 않는 경우가 일반적입니다. 젊은 독자들에게 모바일로 읽은 뉴스의 출처를 기억하는지 물어보면 뉴스를 생산한 언론사의 이름을 기억하지 못하고 '네이버', '다음', '페이스북' 등 자신이 이용한 플랫폼만을 기억하는 경우가 많습니다.

뉴스의 형태와 출처를 구분하지 않고 이용하는 습관은 결국 어떠한 조직에서 뉴스를 생산하고 누가 어떠한 의도로 뉴스를 만들었는지에 대한 이용자의 주의력을 떨어뜨리게 만들어 뉴스 이용을 수동적이고 무비판적으로 만듭니다. 뉴스를 다양하게 이용할수록 이용자는 뉴스의 출처가 믿을 만한지 아닌지를 고려해야 하고 그 의도를 파악하는 게 필요한데, 실제로는 이용자가 생각과 주의력을 결여한 채 더욱 많은 뉴스를 이용하는 상황이 펼쳐지고 있습니다. 가짜 뉴스가 번지기 좋은 환경입니다.

셋째, 지인의 영향력이 확대되었다는 점입니다. 소셜 미디어는 지인들과 정보와 연락을 주고받을 수 있는 네트워크입니다. 처음에는 친밀한 사람들끼리 개인적 정보를 주고받던 도구였지만 시간이 지날수록 점점 다양한 용도로 쓰이고 있으며 영향력도 커지고 있습니다. 소셜 미디어는 이용자 간의 관계와 신뢰를 기반으로 한 네트워크입니다. 친구나 지인 등 나와 연결되고 친분이 있는 사람이 전달해 주는 정보는 언론사나 전문 기관이 알려 주는 정보보다 더 믿음직스럽고 중요하게 여겨집니다. 소셜 미디어는 모바일 기반의 인터넷 네트워크라는 속성상, 자신과 연결된 많은 사람에게 손쉽게 정보를 전달하고 댓글 등으로 참여할 수 있는 도구입니다. 페이스북과 같은 소셜 미디어는 이용자들의 추천(좋아요), 댓글, 공유 등 참여 수단을 편리하게 제공하고 최대한 이용률을 높이고자 하는 전략을 펼치고 있습니다. 실제로도 페이스북은 지인들과 더 많은 콘텐츠를 공유하도록 자극하고 유도하고 있습니다.

가짜 뉴스의 생산자들은 가짜 뉴스를 퍼뜨리는 통로로 소셜 미디어를 이용했습니다. 살펴본 것처럼 모바일에서 이용자들은 뉴스의 출처와 형태를 확인하지 않고 이용하는 경향을 띕니다. 선정적인 내용이나 이용자가 선호하는 내용일수록 주목도가 높아지고, 이용자의 정치적 성향에 부합할수록 '좋아요', '댓글', '공유'를 통해 적극적인 반응을 보입니다. 또한 소셜 미디어의 정보는 지인을 통해 이용자에게 전달되므로, 해당 정보의 출처와 형태에 대해서 따지지 않고 일단 믿는 경향이 있습니다. 내가 좋아하거나 믿을 만한 사람이 추천하고 공유한 정보는 읽어 보지도 않고 습관적으로 추천이나 공유를 하는 경향도 있습니다. 가짜 뉴스라 하더라도 내가 아는 사람이 전해 주면 의심 없이 사실로 받아들일 가능성이 높아지는 것이지요.

2. 디지털 기술이 드리운 편리함의 그늘

 가짜 뉴스는 소셜 미디어라는 편리한 소통 수단이 드리운 그늘입니다. 가짜 뉴스의 문제는 소셜 미디어에서 가짜 뉴스를 만들거나 퍼뜨리는 사람을 강력하게 처벌한다고 해서 사라지지 않는다는 것입니다. 가짜 뉴스를 자동으로 찾아내 표시하는 기술을 개발한다고 해도 쉽게 해결되지 않는 문제입니다. 왜냐하면 가짜 뉴스는 소셜 미디어라는 편리하고 강력한 기술의 뒷면이기 때문입니다. 이는 마치 빛과 그림자, 동전의 앞뒤와 같아 어느 한쪽만 누리면서 다른 쪽을 떼어 내 버릴 수 없는 것과 같습니다. 가짜 뉴스가 걱정되어 스마트폰과 소셜 미디어를 쓰지 못하게 할 수는 없는 노릇이지요. 교통사고가 많이 발생하니 자동차를 없애자는 주장이 황당한 것과 비슷합니다.

교통사고를 줄이려면 충돌 방지 기술처럼 차량 안전장치의 개발도 필요하지만 운전자와 보행자의 의식과 판단이 더욱 중요합니다.

가짜 뉴스가 왜 생겨났는지, 무엇 때문에 그 피해가 커지게 됐는지 문제의 근원을 이해하는 것이 중요합니다. 가짜 뉴스의 구조를 제대로 알게 되면 거짓 정보에 빠져 피해를 보지 않을 뿐 아니라 지혜롭고 소중한 능력을 지니게 됩니다. 바로 디지털 세상을 살아가는 데 가장 유용하고 강력한 도구인 '미디어 리터러시'를 갖게 되기 때문입니다.

중개상 없는 직접 유통의 편리함과 위험

앞서 살펴본 것처럼 신문이나 방송과 같은 매스 미디어는 '게이트 키핑'이라는 과정을 통해 선별하고 판단한 결과만을 뉴스로 전달합니다. 독자는 언론사의 '편집'이라는 렌즈를 통해 세상을 보게 되지요. 이렇듯 매스 미디어는 뉴스와 독자 사이를 연결해 왔습니다. 그런데 인터넷과 소셜 미디어에서는 언론사를 거치지 않고 뉴스와 독자를 바로 연결시켜 줍니다. 인터넷 세상에서는 궁금한 것이 생기면 굳이 전문가를 찾아가 물어볼 필요 없이 검색하는 것만으로도 풍부한 정보를 얻을 수 있지요. 이러한 편리함 덕분에 우리는 언제 어디서든 정보에 접근할 수 있습니다. 뉴스도 마찬가지입니다. 뉴스를 선별하고 편집하는 언론사의 도움과 개입 없이도 얼마든지 뉴스를 이용할 수 있게 되었습니다. 소셜 미디어에서는 클릭 한 번으로 간편하게 뉴스를 접할 수 있습니다.

하지만 이런 편리함에는 대가도 따릅니다. 언론사의 수고를 거치지 않은 날것 그대로의 뉴스를 접할 수밖에 없으니까요. 뉴스는 그 자체로 진실이 아니라 뉴스를 만드는 사람에 의해 선택되고 해석되고 편집된 결과물이라고 했습니다. 그렇기 때문에 미디어 콘텐츠를 이용할 때에는 그러한 선택과 편집을 하는 주체(언론사)가 믿을 만한 곳인지, 어떤 의도와 특성을 지닌 곳인지를 고려하여 받아들여야 합니다. 하지만 소셜 미디어의 링크를 통해 만나는 정보로는 언론사의 특성이나 편집 성향을 알기 어렵습니다. 대부분의 언론사들은 기사의 신뢰도를 중요하게 여기기 때문에 핵심적 사실 관계에 대한 검증을 거쳐 보도합니다. 하지만 소셜 미디어에서는 기본적인 사실 관계조차 확인되지 않은 뉴스를 만날 수 있습니다. 소셜 미디어 이용자들은 뉴스의 출처를 거의 따지지 않습니다. 가짜 뉴스는 이렇게 소셜 미디어로 뉴스를 이용하는 사람들이 어떤 경향을 갖는지 관찰하여 만들어 낸 거짓 정보입니다. 그렇다면 기존 언론사에서도 의도적으로 가짜 뉴스를 만들어 전파하는 경우란 없을까요? 만약 그런 일이 일어난다면 해당 언론사는 그 길로 문을 닫게 될 테지요.

가짜 뉴스는 저절로 만들어지지 않습니다. 누군가 의도를 갖고 만들어 사람들에게 진짜 뉴스처럼 보이도록 사기를 치는 것입니다. 하지만 인터넷상의 범죄가 그렇듯 범인을 잡아내기란 쉽지 않습니다. 미국 대통령 선거 때 가짜 뉴스를 만들어 퍼뜨린 주축은 마케도니아의 시골 마을에 사는 10대 소년들이었습니다. 이들은 "교황이 트럼프 후보를 지지했다"라는 내용처럼 충격적이면서 트럼프 후보에게 유리한 가짜 뉴스를 만들어 소셜 미디어에 퍼뜨렸습니다. 그 결과 수많은 사람들이 이 가짜 뉴스를 조회하고 공유하면서 가짜 뉴스를 만든 마케도니아 소년들에게는 인터넷 광고 수익이 돌아갔지요. 미국에서 이런 가짜 뉴스를 공유하고 퍼뜨린 사람들은 트럼프 후보의 지지자들이었습니다. 정치적·경제적 의도를 가진 이들이 만들어 낸 가짜 뉴스에 많은 사람들이 속은 것입니다. 2016년 미국 대통령 선거 직전인 12월 초 미국 워싱턴 D.C.에서는 힐러리 클린턴 대선 후보가 피자 가게 지하에 있는 아동 성착취 조직에 관여하고 있다는 가짜 뉴스를 믿은 한 남성이 피자 가게를 찾아가 총으로 실탄을 쏘는 난동을 벌이기도 했지요.

가짜 뉴스는 미국만이 아니라, 대통령 선거를 앞둔 유럽 각국과 한국에서도 등장해 심각한 사회적 영향을 끼쳤습니다. 가짜 뉴스는 2016년 미국 대통령 선거를 뒤흔들고 지나간 과거의 일이지만, 그 의미는 진행형입니다. 앞으로 계속해서 새로운 형태의 가짜 뉴스가 등장할 테고, 인터넷과 소셜 미디어를 사용하는 사람은 누구나 그러한 거짓 정보에 노출되어 있기 때문이지요.

수많은 뉴스가 범람하는 시대에 사실과 거짓을 구분하기란 쉽지 않다. 최근에는 온라인의 파급력에 익명성까지 더해져 매우 정교한 가짜 뉴스가 급속히 확산되고 있다.

　가짜 뉴스는 미래의 인공지능과 빅데이터, 클라우드 컴퓨팅, 사물 인터넷 시대를 살아갈 모든 이들에게 중요한 질문을 던집니다. 스마트폰과 소셜 미디어를 언제 어디서나 손쉽게 활용하는 편리한 환경에서 살고 있으면서도, 왜 현명한 선택 대신 가짜 뉴스의 속임수에 넘어가는 것일까요? 인류 역사상 가장 강력하고 편리한 도구를 지닌 사용자는 왜 더 어리석어졌을까요?

　이유는 간단합니다. 편리하고 강력한 미디어에 지나치게 의존하게 되면 스스로 판단하고 사고하는 능력을 잃기 때문이지요. 자동차가 제공하는 편리함에 지나치게 의존해 걷는 것을 꺼리면 체력이 약화되고 건강이 나빠지는 것과 비슷합니다. 스마트폰과 소셜 미디어라는 도구가 강력하고 편리한 기술인 것은 맞지만, 누구나 저절로 현명하고 강력해지는 것은 아닙니다. 그 강력한 기술과 도구의 특성을 제대로 알지 못하면, 오히려 그 기술을 설계하고 이용하는 세력의 의도대로 농락당할 수 있습니다. 디지털 기술에 점점 더 오랜 시간, 더 깊이 의존해서 살아갈 세대에게 가장 중요한 능력은 정보를 제대로 이해하고 현명하게 다루는 능력입니다. 그렇지 않으면 정보를 이용한 사기의 피해자가 되거나 정보화 시대의 낙오자가 될 수 있습니다.

개인별 맞춤 서비스는 편리하기만 할까

페이스북이나 카카오톡과 같은 소셜 미디어는 친구 또는 비슷한 취향을 지닌 사람들끼리의 사회적 연결망입니다. 기본적으로 성향이나 취향이 비슷한 사람들이 모여 있는 경우가 많습니다. 취향과 관심사가 유사한 사람들끼리 모인 공간이다 보니, 정보를 공유할 때 '좋아요' 반응도 더 뜨겁습니다. 평소 개인적 내용을 공유하면서 서로 '좋아요'와 '추천'을 눌러 주는 친밀한 관계이지요. 평소 신뢰하고 친밀한 관계에 있는 사람이 소셜 미디어를 통해서 나에게 전달해 주는 정보는 포털 사이트나 언론사 페이지에 있는 정보보다 더 중요하게 받아들여집니다. 소셜 미디어에서는 내가 아는 사람이 올린 정보는 읽어 보지도 않고 일단 공유하고 추천하는 경우도 많습니다. 소셜 미디어는 가짜 뉴스만이 아니라 실제 사기 사건도 많이 일어나는 곳입니다. 메신저를 이용한 피싱 사기가 대표적이지요. 사기꾼들은 메신저 계정을 해킹한 뒤 평소 자주 연락을 주고받던 친구들에게 갑자기 사고가 생겨서 급한 돈이 필요하다고 문자를 보내는데, 의외로 많은 사람들이 속는다고 합니다. 친한 사람들이 모여 있는 소셜 미디어에서는 사기꾼도 활개를 칩니다. 사람들이 상대를 믿고 방심하는 마음을 노리는 것이지요.

페이스북에서는 정치적 성향이 유사한 사람들끼리 서로 친구를 맺고 공유한다는 사실도 연구로 입증됐습니다. 미국 공화당 지지자의 페이스북에는 공화당에 우호적인 소식 위주로 공유되고, 민주당 지지자들의 페이스북에는 반대로 민주당에 좋은 쪽으로 해석된 뉴스 위주로 공유가 일어납니다. 비슷한 사람들끼리 모여 있는데 어떤 집단이냐에 따라서 똑같은 현상을 두고 서로 다른 정보가 공유되고 공감이 일어나는 겁니다. 이렇게 되면 사람들이 아무리 오랜 시간 뉴스를 보아도 객관적 사실을 접하기보다 자신이 원하는 정보나 기분 좋은 뉴스 위주로 정보를 이용하는 현상이 일어납니다. 페이스북을 통해서 많은 정보와 뉴스를 접하지만 내 페이스북의 타임라인(글 내용)은 나의 친구들이 공유하고 추천한 정보들로 채워

집니다. 소셜 미디어에서는 정치적 성향만이 아니라, 다른 정보들도 개인별 성향에 맞게 전달됩니다.

인터넷의 개인별 맞춤화 기술의 편리함은 사용자에게 관심 있는 분야에 대한 전문적이고 풍부한 정보를 제공해 주지만, 동시에 사용자가 선호하지 않는 영역의 정보를 만날 수 없도록 합니다. 예를 들면 민주당 지지자들의 페이스북에는 이번 선거에서 공화당이 유리하다는 뉴스가 노출되지 않는 상황이 벌어집니다. 자기가 원하는 정보, 선호하는 뉴스 위주로 미디어를 이용하면 어떻게 될까요? 기분이 좋아지는 뉴스만 읽게 되니 바람직할까요? 뉴스는 자기만족을 위해 이용하는 것이 아니라, 우리가 살아가는 세상의 중요한 정보를 파악하기 위해서 필요한 것입니다. 뉴스를 통해서 위안을 얻고 기분이 좋아지기를 바란다면, 우리가 살고 있는 사회의 진짜 모습을 만날 수 없습니다. 내가 사는 세상의 진짜 모습과 변화에 눈을 감은 채 보고 싶은 것만 보고 믿고 싶은 것만 믿고 산다면 불행한 결과로 이어집니다. 객관적 정보를 외면한 채 판단한다면 결과는 처참한 실패입니다.

소셜 미디어의 개인별 맞춤 서비스는 마치 비눗방울에 갇혀 거품 안에서 벗어나기 어려운 현상과도 비슷합니다. 소셜 미디어의 이런 효과를 '필터 버블'이라고 말합니다. '필터 버블' 현상은 소셜 미디어에서만이 아니라 인터넷의 검색 결과나 많이 본 기사 등 이용자의 선택과 상호작용을 반영한 인터넷 콘텐츠에서 흔히 나타나는

현상입니다. 이용자들은 스스로 선택했다고 생각하지만 맞춤형 필터가 걸러 낸 결과만을 만나는 것이고, 이러한 맞춤형 콘텐츠를 이용할수록 점점 더 '필터 버블' 속에 갇혀 객관적 사실 인식과 멀어지게 된다는 것이지요. 그 결과가 극단적으로 나타난 것이 바로 미국에서의 가짜 뉴스 현상입니다.

소셜 미디어에서 자신이 좋아하는 방향으로 정보를 습득하고 생각을 강화시켜 나가는 현상을 '반향실 효과(echo chamber effect)'라고도 합니다. 이용자가 페이스북, 카카오톡, 트위터 등에서 접하는 정보나 좋아요, 댓글 등은 세상의 공정한 여론처럼 보이지만 실은 이용자가 좋아하는 사람들이 주고받는 '끼리끼리' 의견인 경우가 많습니다. 소셜 미디어의 알고리즘은 이용자의 몰입적 이용을 늘리기 위해 이용자가 '좋아요'를 많이 누른 콘텐츠 중심으로 추천하고 노출하기 때문입니다. 이는 반향실 효과를 가져옵니다. 반향실에서는 메아리(에코)가 밖으로 나가지 않고 방 안에서만 계속 이어집니다. 이러한 반향실의 음향처럼 소셜 미디어에서 같은 정보와 의견이 돌고 돌며 강화되는 현상이 바로 반향실 효과입니다. 새롭고 중요하고 진실한 정보와 의견 대신 내가 좋아하거나 댓글 같은 피드백 위주로 정보를 만나게 되면 객관적 인식을 가로막는 결과로 이어집니다.

가짜 뉴스에 속지 않으려면

가짜 뉴스는 소셜 미디어가 널리 활용되고 영향력이 커지면서 얼마나 많은 사람들이 거짓 정보에 빠져서 어리석은 판단을 하게 되는가를 보여 줍니다. 가짜 뉴스는 디지털과 소셜 미디어에서 뉴스와 정보를 제대로 읽는 법의 중요성을 알려 주는 사례입니다. 기술이 발달하고 미디어 이용이 늘어날수록 정보를 제대로 판별하고 읽어 낼 줄 아는 능력이 더욱 중요해진다는 것을 가르쳐 주는 것이 '가짜 뉴스'의 역설적 기능입니다. 가짜 뉴스가 대통령 선거를 뒤흔들 정도의 사회문제로 불거지자 가짜 뉴스를 판별하는 다양한 기법과 판별법이 제시됐습니다. 아래는 가짜 뉴스가 심각한 사회문제가 된 미국에서 만들어진 가짜 뉴스 판별법입니다.

가짜 뉴스 판별법

1. 제목 비판적으로 읽기
2. 인터넷주소(URL) 자세히 살펴보기
3. 자료 출처 확인하기
4. 문법적 오류 확인하기(맞춤법, 어색한 문단)
5. 사진 면밀하게 살펴보기
6. 날짜 확인하기
7. 주장의 근거 확인하기

8. 관련 보도 찾아보기

9. 풍자 또는 해학과 구분하기

10. 의도적인 가짜 뉴스 의심하기

언론사들은 의심스러운 주장이나 정보에 대해서 진실 여부를 파헤쳐 보도하는 '사실 확인(팩트 체크)' 코너를 운영하기도 합니다. 가짜 뉴스와 거짓 정보를 가려내는 법을 알려 주는 구체적이고 유용한 도구입니다. 하지만 가짜 뉴스 판별법이나 사실 확인도 한계가 있습니다. 인터넷에서 사라지지 않는 해킹(hacking)과도 같습니다. 창과 방패의 싸움처럼 아무리 철벽같은 보안 시스템을 운영해도 그것을 무력화시키는 해킹 기술은 새롭게 등장하고, 이를 막아 내기 위해 또다시 보안 시스템은 진화합니다. 가짜 뉴스 판별법과 팩트 체크 방법이 널리 알려지면 거짓 정보와 그에 속는 사람들이 사라질까요? 그렇지 않을 것입니다. 다음에 등장할 가짜 뉴스는 이러한 가짜 뉴스 판별법으로 걸러 낼 수 없도록 더욱 정교하게 조작된 형태로 등장할 것이고, 역시 이에 속는 사람 또한 생겨날 것입니다. 아무리 정교한 가짜 뉴스 판별법을 만들어도 시간이 지나면 더 지능적인 가짜 뉴스가 등장하는 세상입니다.

그렇다면 가짜 뉴스와 거짓 정보에 속지 않으려면 어떻게 해야 할까요? 항상 미디어를 비판적으로 바라봐야겠지요. 그것이 바로 미디어를 제대로 읽고 활용할 줄 아는 능력인 미디어 리터러시입니다. 그중에서도 핵심은 비판적 사고력입니다. '비판적(critical)'이라는 말은 그리스어 '크리노(krino)'에서 나온 말인데 비평이란 단어의 어원이기도 합니다. 그리스어에서 이 단어는 '정확하게 가르다, 식별하다, 판단하다'라는 뜻을 갖고 있습니다. 이렇게 판단하고 식별하자면 기준으로 삼을 근거가 있어야 합니다. '비판적'이라는 단어도 무조건 삐딱하고 부정적으로 보는 것을 의미하기보다 근거에 기반하여 생각하는 것을 말합니다. 근대 과학이 발전할 수 있었던 것도 근거(사실)에 기반해 실험하고 상상하였기에 가능했지요. 이성적 사고는 종교적 신앙과 달리 근거를 필요로 합니다.

3. 비판적 사고력 기르기

　미디어를 비판적으로 수용하기 위해서는 미디어가 전달하는 내용과 방법이 무엇에 근거를 두고 있는가, 그 기준이 적절한가를 생각하면서 받아들여야 합니다. 이용자가 적극적으로 미디어의 내용과 방식에 대해서 자신의 생각과 기준을 적용해 보는 것이지요.

　'뉴스의 출처와 근거가 어디인가?', '이 뉴스는 왜 만들어지게 되었을까?', '이 뉴스 보도로 누가 이익을 보게 될 것인가?', '뉴스를 전달하는 기자와 언론사는 어떤 성향을 지녔는가, 믿을 만한가?', '기사의 어디까지가 사실이고 의견인가?' 등을 스스로 질문하면서 뉴스를 읽어야 합니다. 팩트 체크를 거쳤다는 뉴스에 대해서도 우리는 팩트 체크의 절차와 내용에 대해서 의심해 보아야 합니다. 사실 가짜 뉴스도 자신들의 뉴스가 거짓이라고 말하는 법은 절대 없겠지요. 오히려 전문가들을 통해 사실 확인을 거친 분명한 사실이라고 강조하기도 합니다. 언론사가 아무리 사실 확인을 거쳤다고 해도 결과를 어떻게 받아들일지는 결국 이용자에게 달린 문제입니다.

하지만 우리가 만나는 수많은 뉴스에 대해서 매번 이렇게 질문하며 읽는 것은 불가능합니다. 모든 뉴스에 대해 이렇게 많은 질문을 할 필요도 없습니다. 중요하거나 관심 있는 뉴스 한두 가지를 위와 같은 질문을 품은 채 읽는 훈련으로 시작하는 것으로도 충분합니다. 이러한 의문을 품고 뉴스를 꼼꼼히 읽은 뒤, 뉴스의 배경과 의도를 알아보려고 시도해 보는 것이 첫걸음입니다. 구체적으로는 논조가 다른 언론이 같은 현상을 어떻게 다르게 보고 있는지 그 근거와 논리를 살펴보는 것입니다. 이런 습관을 기르면 다른 뉴스와 정보에 대해서도 의심스러운 부분을 좀 더 쉽게 발견할 수 있고, 그 의도와 구조에 대해서 이전에는 볼 수 없던 것을 볼 수 있게 됩니다. 이것이 바로 비판적 사고력입니다.

왜 비판적 사고가 필요할까

사람은 완벽하고 빈틈없는 지적 능력을 지닌 채 태어나지 않습니다. 사회생활을 하면서 교육과 경험을 통해서 소통하는 방법과 생

280

각하고 판단하는 능력을 길러 갑니다. 그러면 우리가 성장 과정에서 학습과 경험을 통해서 형성하게 되는 각자의 생각과 사고방식은 정확하고 균형 잡혀 있을까요? 그렇지 않습니다. 소크라테스가 "너 자신의 무지를 알라"라고 강조한 것처럼, 우리는 배우면 배울수록 자신의 무지를 깨닫게 됩니다. 비판적 사고는 사람이 지닌 최고의 도구인 인지능력, 즉 생각하는 힘을 날카롭고 강력하게 만드는 기술입니다. 미디어나 다른 사람이 전달하는 정보와 지식을 비판적으로 수용할 수 있고, 또한 각자 품은 생각과 사고하는 능력이 빠지기 쉬운 오류와 실수를 깨닫고 고칠 수 있게 해 주는 게 바로 비판적 사고입니다.

비판적 사고는 다른 말로 하면 익숙한 환경에서 스스로 안일하게 여기게 되는 편견이나 실수를 깨닫게 만들어 좀 더 객관적이고 정확한 인식과 판단에 이르게 해 주는 능력입니다. 비판적 사고는 '삐딱하게 생각하기'나 '부정적으로 평가하기'가 아니라, 성찰적으로 생각하는 능력입니다. 비판적 사고는 인간의 생각이 다양한 편견과 오류에 빠질 수 있다는 인식에서 출발합니다.

일찍이 16세기 영국의 사상가 프랜시스 베이컨은 인간이 생각하는 능력을 갖고 있지만 쉽게 오류와 편견에 빠지는 성향을 갖고 있다는 점을 지적했습니다. 유명한 '4대 우상론'입니다.

첫째는 '종족의 우상'입니다. 모든 사물을 사람 위주로 해석하고 받아들이려는 보편적인 편견을 말합니다. 사람이라는 종족이라면 누구나 빠질 수밖에 없는 편견이라는 점에서 '종족의 우상'이라고 말합니다. "새가 울고, 나비가 춤을 추며 날아간다"라는 표현은 우리가 모든 사물을 사람 위주로 바라보고 해석한다는 걸 드러냅니다. 둘째는 '동굴의 우상'입니다. 사람은 성격이나 습관, 환경에 따라서 각자 고유한 편견을 갖게 됩니다. 어려서 물에 빠진 경험 때문에 물을 겁내고 감히 수영을 배우려고 마음먹지 못하는 것이 이 사례입니다. 셋째는 '시장의 우상'입니다. 사람은 언어를 통해서 의견을 주고받으며 소통을 하는데, 우리가 사용하는 언어 자체에 담긴 편견과 한계를 벗어나기 어렵다는 것이지요. '어떤 방패라도 뚫을 수 있는 창과 어떤 창이라도 막아 내는 방패'라는 말이 오간 곳이 시장인 것처럼, 부정확하고 사실과 다른 말에 현혹되는 성향을 뜻합니다. 넷째는 '극장의 우상'인데, 이는 우리가 전통, 역사, 권위가 부여된 것이라면 따지지 않고 믿고 의지하는 편향성을 지적합니다. 논쟁을 하다가 "그거 책에 그렇게 실려 있어"라고 말하거나 유명인의 발언에 호소하는 방식으로 설득하려는 습관이 바로 '극장의 우상'입니다.

베이컨이 '4대 우상'의 함정을 제시한 지 500여 년이 흘렀습니다. 하지만 각자의 마음을 돌이켜보면, 우리는 여전히 베이컨 시대와 다를 바 없는 편견과 오류에 취약한 인식 구조를 지니고 있음을 발견하고는 합니다. 비판적 사고는 인간의 인식이 편견과 오류에 빠지기 쉽다는 것을 겸허하게 인정하는 데서 출발합니다. 소크라테스가 말한 너 자신의 무지를 알라는 가르침이 시작하는 자리입니다. 무지를 인정한 이후 자신이 알고 있는 지식과 정보, 의견을 절대적으로 믿거나 의지하기보다, 한발 떨어져서 객관적으로 바라보려는 노력이 이어져야 합니다.

비판적 사고의 도구들

그렇다면 비판적 사고력을 키울 수 있는 구체적인 도구는 무엇일까요? 비판적 사고력은 사실 사람이 살아가면서 오랜 기간에 걸쳐 쌓게 되는 최고의 인지능력이고, 스스로를 반성적으로 성찰하는 차원 높은 지혜입니다. 단순히 몇 가지 구체적인 도구를 갖추고 훈련한다고 쉽게 얻을 수 있는 것이 아니라는 말이지요. 하지만 중요한 것은 '비판적 사고'가 무엇보다 중요한 인간 능력이자 삶의 지혜라는 것을 깨닫고 첫발을 떼는 겁니다. 날마다 만나는 다양한 뉴스와 정보는 우리가 비판적 사고를 훈련하고 키워 나가는 데 가장 좋은 대상입니다. 비판적 사고를 일상생활에서 훈련할 수 있는 네 가지 핵심 도구를 알려 줄게요.

첫째, 모든 지식과 정보는 완벽하지 않다는 것을 알아야 합니다. 사람이 만들어 낸 지식은 아무리 유용하고 당연한 진리처럼 보이더라도 더 나은 것으로 대체될 수 있다는 것을 인정해야 합니다. 더 나은 지식이 나타날 수 있다는 것을 인정하게 되면, 우리는 확신과 아집에 머물지 않게 됩니다. 끊임없이 새로운 지식과 정보를 배우면서 내가 지금 알고 있고, 믿고 있는 지식에 대해서도 의심해 볼 수 있습니다. 천동설은 지동설에 의해, 아인슈타인의 이론은 양자역학에 의해 끊임없이 대체되어 온 게 인류 지식의 역사입니다.

둘째, 그 지식이 무엇에 근거하고 있는지를 살펴보아야 합니다. 모든 지식과 견해는 그를 뒷받침하는 사실과 논리를 필요로 합니다. 어떤 주장이나 논리가 유용하거나 사실에 부합하는지를 따져 보기 위한 가장 손쉬운 방법은 그것이 근거하고 있는 바탕이 얼마나 탄탄하고 논리적인가를 살펴보는 것입니다. 적극적으로 주장을 펼치는 사람도 정작 자신이 무엇을 당연하게 여기고 있는지 모를 때가 많아서 주장의 근거를 묻는 질문을 만나면 답변하지 못하고 무너져 버리는 경우가 많습니다. 만 18세 선거권 부여에 반대하는 어른은 고등학생이 무슨 투표냐고 말하겠지만, 취업이나 군대, 운전면허, 공무원 시험 등 다른 모든 것이 허용되는 나이가 18세라는 것은 설명하지 못합니다. 다른 것은 가능해도 투표만큼은 안 된다는 믿음에 근거한 것인데, 그 믿음이 타당한지를 따지는 것이 진짜 논쟁이 되지요.

셋째, 제시되는 논리와 정보의 의도를 읽는 게 중요합니다. 사람이 만들어 낸 모든 논리나 지식은 대부분 의도를 갖고 있습니다. 아무리 모두의 행복과 공평함을 내세운다고 하더라도 그 주장을 펼

우리가 아무 의심 없이 사실이라 믿는 많은 뉴스에는 사실을 가장한 의견이 들어 있다.

치는 사람의 의도는 겉으로 말하는 것과 다를 수 있습니다. 신문에는 날마다 정치인이나 기업인들의 발언이 크게 실리는데, 그 사람의 말을 그대로 받아들이는 것보다 '이 사람이 무슨 의도로 이런 말을 하는 것일까'를 함께 생각해 보아야 합니다. 말하는 사람의 의도를 파악하는 가장 쉬운 방법은 이 발언을 통해 그 사람이 어떠한 이득을 얻게 될까를 생각해 보는 것입니다.

넷째, 사실과 의견을 구분하는 능력이 필요합니다. 사실은 객관적으로 존재하기 때문에 보는 사람에 따라 달라지지 않는 실체이고, 참과 거짓의 영역입니다. 반대로 의견은 사람마다 다를 수 있기에 참과 거짓의 영역이 아닙니다. 영국 신문 〈가디언〉지의 편집장

찰스 스콧이 1921년에 칼럼에 쓴 "의견은 자유이지만 사실은 신성하다(Comment is free, but facts are sacred)"라는 명제는 언론에서 철칙으로 통용됩니다. 언론 보도에는 사실과 의견이 함께 있습니다. 그런데 사설이나 칼럼처럼 의견이라는 게 명확하게 드러나는 형식과 달리, 많은 기사에는 사실과 의견이 뒤섞여 있지요. 특정한 기사나 주장에서 사실과 의견을 구분할 줄 아는 능력은 비판적 사고를 기르는 핵심적인 도구입니다.

정보의 홍수에 익사하지 않으려면

디지털과 인터넷 미디어 환경에서 우리는 세상의 거의 모든 정보에 접근할 수 있을 뿐 아니라, 끊임없이 밀려오는 정보의 밀물을 맞이하고 있습니다. 우리가 살아가는 정보화 시대는 정보가 가장 강력한 힘으로 작동하는 세상입니다. 정보 홍수 속에서 정보를 다룰 줄 알고 유용한 정보를 판단해 골라낼 수 있는 능력이 무엇보다 중요한 생존 기술이 됩니다. 이런 능력은 비판적 사고력을 통해 길러집니다. 미디어를 제대로 이용하는 능력은 방대한 정보 중에서 믿을 만하거나 유용한 정보만을 식별하는 것에 그치지 않습니다. 디지털 환경에서 다양한 미디어의 속성과 작동 방식을 이해하여 정보를 유용하게 활용하는 능력까지를 포함합니다. 미디어는 소통과

286   8장 미디어 리터러시 2: 가짜 뉴스 선별법

공감을 가능하게 하는 도구인 만큼, 미디어를 통해서 다양한 사람들의 생각과 지혜를 받아들이고 공유하는 방법도 익혀야 합니다.

미디어 활용 능력은 앞으로 더욱 중요해집니다. 미래 사회는 끊임없이 새로운 정보를 습득해야 하는 평생학습 사회입니다. 학교에서뿐만 아니라 사회에 나가서도, 살아가는 내내 배움이 이어지는 것이지요. 아무리 명문 대학을 졸업하고 수많은 자격증을 갖고 있어도 미래는 지식과 정보가 빠르게 변화하는 사회이기 때문에 새로 만들어진 정보와 지식을 늘 배워야 합니다. 평생학습은 학교교육을 통한 배움만을 의미하지 않습니다. 스스로 일상 속에서 필요한 정보와 지식을 그때그때 학습하는 것을 의미합니다.

평생학습의 하나는 미디어를 통해서 이용자 스스로 새로운 정보와 지식을 배워 나가는 것입니다. 인터넷 환경은 모든 사람에게 거의 골고루 평생학습의 조건을 제공합니다. 인터넷에 접속할 수 있는 사람은 누구나 세상의 모든 지식에 접근할 수 있기 때문이지요. 디지털 세상은 중개자의 도움 없이 누구나 스스로 세상의 모든 정보를 이용할 수 있는 세상입니다. 하지만 누구나 모두 저절로 현명하게 정보를 이용하는 것은 아닙니다. 어쩌면 가짜 뉴스의 범람에서 보듯, 편리하고 똑똑한 도구에 의존할수록 인간 고유의 사고력과 감각, 운동신경은 오히려 퇴화할 수 있습니다.

비판적 사고력은 현대인의 필수품

몇 해 전 미국의 '레딧(reddit)'이라는 소셜 커뮤니티 사이트 게시판에 흥미로운 질문이 하나 올라왔습니다. "1950년대 사람이 60년 뒤인 오늘날의 디지털 시대로 시간 여행을 왔다고 가정할 경우, 그가 가장 이해하지 못할 오늘날의 모습은 무엇일까요?"라는 질문이었습니다. 여러 답변 가운데 많은 이들의 무릎을 치게 한 답변이 있었습니다. "나는 주머니 속에 인류가 쌓아 온 지식 전체에 접근할 수 있는 도구를 늘 갖고 다닌다. 하지만 나는 그것을 주로 고양이 사진을 보거나 모르는 사람들과 말다툼하는 데 사용한다"라는 답변이었지요. 60년 전에 인류의 모든 지식에 접근할 수 있는 사람은 각별한 혜택을 누리는 소수의 특권층뿐이었습니다. 방대한 지식 자원에 접근할 수 있다는 것은 권력과 부를 얻는 기회로 여겨졌으며 자신의 운명을 바꿀 수 있는 일종의 '절대반지'와 같은 도구였습니다. 하지만 누구나 '절대반지'를 지니는 세상이 되니 '절대반지'를 귀하게 여기는 사람은 드뭅니다. 아무리 똑똑하고 강력한 도구를 주머니 속에 갖고 있다고 해서 그 소유자가 저절로 현명한 사람이 되는 것은 아니라는 말이지요.

강력하고 똑똑한 도구를 현명하고 유용하게 사용하려면 그 도구를 사용하는 자가 도구에 대해서 제대로 알아야 합니다. 그것이 바로 디지털과 미디어, 뉴스에 대해서 우리가 배우고 알아야 하는 이유입니다. 세상의 모든 정보에 바로 접근할 수 있는 현상은 지식의 장벽을 낮추고 누구나 필요한 정보를 누리도록 했지만, 한 가지 중요한 능력을 요청합니다. 그것은 바로 비판적 사고력입니다.

　모든 정보를 중간 유통 단계 없이 바로 이용할 수 있게 되었다는 것은 정보의 참과 거짓, 유용성을 우리 스스로 판단하고 받아들일지도 결정해야 한다는 것을 의미합니다. 그것이 바로 정보의 근거를 따져서 수용하는 비판적 사고력입니다. 뉴스 미디어와 디지털 기술을 현명하게 사용하는 방법은 정보의 근거를 따져서 받아들이는 비판적 사고력을 기르는 것입니다. 일상생활에서 신문과 방송, 인터넷의 뉴스 보도를 비판적으로 읽어 내는 능력, 미디어 리터러시가 비판적 사고력을 기르는 가장 좋은 습관인 이유입니다.

〈뉴스 사용 설명서 : 뉴스에 속지 않고 올바른 세계관을 갖추는 법〉
모리 다쓰야 지음, 김정환 옮김, 우리교육, 2017

뉴스가 어떻게 만들어지는지, 뉴스를 전달하는 과정에서 기자의 실수
나 의도로 어떤 일이 벌어지는지를 국제적인 사건이나 역사 속 사례를
통해 알려 줍니다. 뉴스를 비판적으로 읽지 않고 수동적으로 받아들이
는 것이 어리석은 미디어 이용일 수 있다는 점을 말해 줍니다. 부피도
얇은 책이라 단숨에 읽어 낼 수 있어요.

〈뉴스의 시대 : 뉴스에 대해 우리가 알아야 할 모든 것〉
알랭 드 보통 지음, 최민우 옮김, 문학동네, 2014

이 책의 원제도 '뉴스 사용 설명서'입니다. '일상의 철학자'로 불리는
작가 알랭 드 보통이 현대인의 생활에 큰 영향을 주는 뉴스가 어떤 방
식으로 작동하는지를 설명합니다. 정치, 경제, 국제, 유명인, 재난 등
각 부문별 뉴스가 어떠한 구조로 만들어지고 사회에 영향을 끼치는지
를 알려 줍니다.

〈당신을 공유하시겠습니까? : 셀카 본능에서 잊혀질 권리까지,
삶의 격을 높이는 디지털 문법의 모든 것〉

구본권 지음, 어크로스, 2014

스마트폰과 소셜 미디어 서비스를 쓴다는 것은 가장 강력하고 편리한
미디어 도구를 사용한다는 걸 의미하지만, 우리는 그 장점과 매력에만
빠져 있어 진정한 영향과 현명한 사용법을 제대로 알지 못합니다. 기
술의 노예가 되지 않으려면, 강력한 기술의 빛과 그늘을 함께 알고 자
유롭게 부릴 줄 알아야 합니다. 디지털 리터러시를 높여 주는 안내서
입니다.

〈생각하지 않는 사람들 : 인터넷이 우리의 뇌 구조를 바꾸고 있다〉

니콜라스 카 지음, 최지향 옮김, 청림출판, 2011

인터넷은 더 이상 우리가 전화번호나 주소를 기억할 필요가 없게 해
줬지만 동시에 사람만의 특징인 생각하는 능력을 저해하고 있습니다.
생각하고 판단하는 것을 기술에 의존하지 말고 내가 주체가 되어 기술
의 도움을 받을 때 현명한 기술 사용자가 될 수 있다는 것을 알려 준,
세계적인 베스트셀러입니다.

〈신문 읽기의 혁명 : 편집을 읽어야 기사가 보인다〉

손석춘 지음, 개마고원, 2017

1997년 첫 발행된 이후 세 번째 나온 개정판으로, 신문의 구체적인 기사와 편집 사례를 통해서 신문을 비판적으로 읽는 방법을 친절하고 충격적으로 알려 줍니다. 언론사와 기자들이 하나의 신문 기사와 제목에 어떻게 자신들의 생각을 담아서 독자들에게 전달하는지 그 의도를 파악하면서 신문 읽기를 할 수 있게 도와주는 책입니다.

〈저널리즘의 기본 원칙〉

빌 코바치·톰 로젠스틸 지음, 이재경 옮김, 한국언론진흥재단, 2014

언론사 기자들이 필독서로 읽는 책입니다. 기자들을 위한 전문적이고 실무적인 내용이 많기 때문에 기자의 꿈을 키우는 학생이나 기자들이 취재 활동을 하면서 어떤 가치를 추구하면서 일하는지를 알고 싶은 사람이 읽어 보면 도움이 되는 책입니다. 언론 보도에서 가장 중요한 가치를 열 가지 원칙으로 정리해 알려 줍니다.

〈전문가와 강적들 : 나도 너만큼 알아〉

톰 니콜스 지음, 정혜윤 옮김, 오르마, 2017

누구나 인터넷 검색 몇 번이면 어떤 문제에 대해서든 나름대로의 전문가 수준의 지식과 정보를 얻어 낼 수 있다고 생각하는 세상이 되었습니다. 가짜 뉴스와 믿을 만한 정보를 판가름할 수 있는 능력이 더 중요해진 까닭입니다. 쉽게 얻은 정보를 비판 없이 수용하게 되는 이유를 알려 주어 믿을 만한 지식을 찾게 도와주는 책입니다.

〈지식의 미래〉

데이비드 와인버거 지음, 이진원 옮김, 리더스북, 2014

인터넷은 지식과 정보의 구조를 바꾸고 있어 과거와 같은 배움은 점점 더 빠르게 쏟아지는 방대한 지식을 처리할 수 없게 되었습니다. 지식의 구조가 어떻게 변화하고 있는지를 알아야 제대로 된 배움이 가능합니다. 인터넷이 지식의 세계를 어떻게 바꾸고 있는지와 새로운 학습 방법을 알려 주는 책입니다.

〈페이스북을 떠나 진짜 세상을 만나다 : 기술과 삶의 균형을 찾아 주는 행복 레시피〉

랜디 저커버그 지음, 구본권 옮김, 지식의날개, 2015

페이스북을 창업한 마크 저커버그의 누나로, 페이스북에서 오랜 기간 홍보와 마케팅 책임자로 일한 저자는 부모가 되면서 소셜 미디어가 장점만이 아니라 위험성을 안고 있다는 것을 알고는 페이스북을 떠납니다. 대신 디지털 리터러시를 전파하는 일에 뛰어듭니다. 소셜 미디어 세상을 현명하게 사는 방법을 만날 수 있습니다.

비행청소년 18

뉴스, 믿어도 될까?
가짜와 진짜를 거르는 미디어 리터러시의 힘

초판 1쇄 발행 2018년 7월 10일
초판 10쇄 발행 2022년 11월 30일

지은이 구본권 **그린이** 안병현

펴낸이 홍석
이사 홍성우
인문편집팀장 박월
편집 박주혜
디자인 데시그
마케팅 이송희·한유리·이민재
관리 최우리·김정선·정원경·홍보람·조영행
펴낸곳 도서출판 풀빛
등록 1979년 3월 6일 제2021-000055호
주소 07547 서울특별시 강서구 양천로 583 우림블루나인 A동 21층 2110호
전화 02-363-5995(영업), 02-364-0844(편집)
팩스 070-4275-0445
홈페이지 www.pulbit.co.kr
전자우편 inmun@pulbit.co.kr

ISBN 979-11-6172-717-2 44300
ISBN 978-89-7474-760-2 44080(세트)

이 도서의 국립중앙도서관 출판예정도서목록(CIP)은 서지정보유통지원시스템 홈페이지
(http://seoji.nl.go.kr)와 국가자료종합목록 구축시스템(http://kolis-net.nl.go.kr)에서
이용하실 수 있습니다.(CIP제어번호 : 2018017694)